WIEN 2010

WIEN WÄCHST WIEDER
STADTENTWICKLUNG
BEI BEVÖLKERUNGSWACHSTUM
UND OFFENEN GRENZEN

WIEN 2010

Arbeitstagung

"WIEN 2010
Stadtentwicklung bei Bevölkerungswachstum
und offenen Grenzen"

Bearbeitung
der Tagungsergebnisse durch

IWS, Institut für Wirtschafts-
und Sozialforschung

Band 2

Im Auftrag
der Magistratsabteilung 18
Stadtstrukturplanung

2. AUFLAGE

Impressum

Eigentümer und Verleger
Magistrat der Stadt Wien

Herausgeber
Geschäftsgruppe für Stadtentwicklung, Stadtplanung und Personal

Für den Inhalt verantwortlich
M. Wagner, IWS, Institut für Wirtschafts- und Sozialforschung,
1140 Wien, Breitenseer Straße 37

Technische Koordination
H.-J. Hansely, M. Schopper, Magistratsabteilung 18, 1082 Wien, Rathaus

Organisation
H. Korzendörfer, Institut für Stadtforschung, 1090 Wien, Währinger Straße 6–8

Redaktion
M. Mokre, IWS, Institut für Wirtschafts- und Sozialforschung,
1140 Wien, Breitenseer Straße 37

Gestaltung
Gestaltungsbüro Reiner Bausinger, Wien

Herstellung
Werner Frühstück

Druck
Druckerei Kübart

Wien 1990.

tv transfer verlag

CIP-Titelaufnahme der Deutschen Bibliothek
Wien wächst wieder: Wien 2010;
Stadtentwicklung bei Bevölkerungswachstum und offenen Grenzen
[hrsg. von: Magistratsabt. 18 ...]. Mit Beitr. von: Eugen Antalovksy ...
Regensburg: Transfer-Verl., 1990

ISBN 3-924956-82-0
NE: Antalovsky, Eugen [Mitverf.]; Wien/Magistrat

Wien wächst wieder
Ergebnisse der Arbeitstagung

Auf Anregung von Herrn Stadtrat Dr. Hannes Swoboda wurde im Herbst 1989 erstmals dieser für Wien völlig neue Themenbereich in Diskussion gebracht. Die Magistratsabteilung 18 betraute daraufhin eine Arbeitsgemeinschaft von drei Forschungsinstituten, nämlich das Institut für empirische Sozialforschung (IFES), das Institut für Wirtschafts- und Sozialforschung (IWS) und das Kommunalwissenschaftliche Dokumentationszentrum (KDZ) mit der Aufgabe, mögliche Bevölkerungsentwicklungen für Wien durch unterschiedliche Zuwanderungsannahmen aufgrund der geopolitischen Veränderungen in Mitteleuropa in Form von Szenarien zu erstellen. Dabei sollten auch die Auswirkungen auf die verschiedenen Politikbereiche aufgezeigt und nach Möglichkeit quantifiziert werden.

Szenarien wurden hiebei als Bilder denkbarer Zukunftsentwicklungen verstanden, wobei es weniger auf ihre Eintreffenswahrscheinlichkeit ankam, als vielmehr auf ihre innere Widerspruchsfreiheit. Sie sind somit keine Prognosen zukünftiger Entwicklungen, sollen auch nicht als Handlungsanweisungen oder Leitbilder für das politische Handeln dienen, sondern sollen vielmehr Grundlage zur kritischen Prüfung bestehender Entwicklungskonzepte sein. Dabei sollte eine rechtzeitige Auseinandersetzung mit eventuellen Veränderungen ermöglicht bzw. eine Problemfrüherkennung und Wahrnehmung herbeigeführt werden. Handlungen und Maßnahmen sollten das Ergebnis der Diskussion mit den Szenarien sein.

Die Realität hat die Fiktion weitgehend eingeholt. Bis zur Fertigstellung der im April 1990 bereits veröffentlichten Studie hatte sich der gesellschaftspolitische Wandel in den ehemaligen Oststaaten in einem derartigen Ausmaß und mit einer Geschwindigkeit vollzogen, daß auch die äußeren Rahmenbedingungen für die Szenarien immer realer wurden. Eine Auseinandersetzung mit den zu erwartenden Problemen bei Bevölkerungswachstum in Wien durch verstärkte Zuwanderungen und mit möglichen Lösungsansätzen wurde somit immer notwendiger.

Die Ergebnisse der Studie "WIEN 2010 – Entwicklungstendenzen bei wachsender Bevölkerung und offenen Grenzen" wurden im Rahmen einer internationalen Arbeitstagung am 20. April 1990 einer interessierten Öffentlichkeit vorgestellt. Die Betrachtungsweise der verstärkten Immigration und deren Auswirkungen bzw. Bewältigung aus der Sicht der Schweiz und der BRD brachte eine zusätzliche Bereicherung und verdeutlichte das breite Spektrum von Integration und Assimilation für Immigranten.

Die für Wien wieder neue Perspektive einer Stadt mit wachsender Bevölkerung ergab in der im Anschluß an die Hauptreferate durchgeführten Diskussion ein weites Feld heterogener Beiträge, wobei insbesondere bei einer Projektion von Bevölkerungswachstum durch verstärkte Zuwanderung und deren Auswirkung auf die verschiedenen Politikbereiche ein offensichtlich noch vorhandenes Diskussionsdefizit aufgezeigt wurde.

Der vorliegende Tagungsband wird somit mit seiner umfassenden Dokumentation für die noch weiter zu führende Diskussion eine wertvolle Grundlage darstellen. "WIEN 2010" soll dabei als planungsbezogene Metapher verstanden werden, welche für die künftige Stadtentwicklung mit ihren bedeutsamen Stadtentwicklungsvorgängen als ständige und "offene" Herausforderung stehen soll.

Abschließend sei dem Institut für Stadtforschung für die organisatorische Durchführung und dem Institut für Wirtschafts- und Sozialforschung für die redaktionelle Bearbeitung und die Erstellung dieses Tagungsbandes gedankt. Besonderer Dank gilt auch den Referenten und allen engagierten Diskussionsteilnehmern, die durch ihre persönlichen Beiträge sehr zum Gelingen der Veranstaltung beigetragen haben.

Magistratsabteilung 18 – Stadtstrukturplanung
Referat Stadtforschung

Hans-Jörg Hansely
Dr. Manfred Schopper

Seite

Keine Privatisierung der Zuwanderung

Recht auf angemessene Arbeitsbedingungen

Sensible Wohnraumplanung

EXPO als Prüfstein

Europa der Regionen

Bürgerbeteiligung

Erweiterung demokratischer Rechte

Besonnene Planung

Hannes Swoboda

Die Öffnung der Grenzen hat Wien in eine zentrale Position innerhalb Europas gerückt. An die Ereignisse der letzten Monate in Ost- und Mitteleuropa und die Schritte in Richtung auf den gemeinsamen Markt knüpfen sich große Hoffnungen der Menschen in Österreich und insbesondere in Wien.

Die Begeisterung über diese Entwicklung wird indes zunehmend von konkreten Sorgen begleitet und überlagert. Schon in den letzten Monaten wurde deutlich, welchen Problemen auf vielfältigen Ebenen Wien entgegensieht: Überlastungserscheinungen des Öffentlichen und Individuellen Verkehrs, Zunahme grauer Arbeitsverhältnisse, Schwarzhandel und eine steigende Ablehnung der "Fremden" von Seiten der "ansässigen" Bevölkerung, die unter anderem sicher mit den zuvor aufgezählten Schwierigkeiten zusammenhängt, sind Phänomene, die zukünftige Fehlentwicklungen befürchten lassen.

Der Zwiespalt zwischen der Hoffnung auf einen neuen Aufschwung und den vielfältigen Ängsten vor den Ungewißheiten der Zukunft reicht in alle Bereiche des gesellschaftlichen und individuellen Lebens. Da ist zuerst das psychologisch verwurzelte Unbehagen, das aus der Begegnung mit Neuem, Unbekanntem entsteht, das Bedürfnis danach, daß alles so bleibt, wie es ist, daß die Zukunft als Weiterschreibung der Vergangenheit und Gegenwart klar und gesichert offengelegt ist. Die vielfältigen Veränderungen durch die technologische Revolution, die tief in das eigene Leben, in die Gestaltung des Arbeitsplatzes wie auch der Freizeit, eingreifen, werden nun noch ergänzt durch den Zuzug von "Fremden", durch den "Zwang zur Multikulturalität". Die Gefahr ist groß, daß alle Aggressionen, die sich aus der Verringerung von Überschaubarkeit und Verständnis entwickeln, dort manifest werden, wo die Bedrohung des eigenen Lebensstils am faßbarsten wird: am fremden Menschen.

Zugleich ergeben sich indes aus der Öffnung der Grenzen konkrete materielle und immaterielle Vorteile für die Wiener Bevölkerung, die durchaus genützt werden: Die Reisemöglichkeiten haben sich nicht nur für unsere Nachbarn im Norden und Osten vermehrt, sondern auch für uns; umständliche Visumsanträge und Grenzkontrollen entfallen und ein nicht unbeträchtlicher Anteil der WienerInnen kann daher Verwandtenbesuche in der CSFR und Ungarn sehr viel unkomplizierter abwickeln als bisher. Auch der Kulturkontakt, der über diese Reisen entstehen kann, wird durchaus geschätzt. Und schließlich erhöht sich der eigene Lebensstandard durch die Einkaufsmöglichkeiten in den billigeren Nachbarländern wie auch beim Schwarzhändler in Wien.

Aus der Öffnung der Grenzen ergeben sich materielle und immaterielle Vorteile für die Wiener Bevölkerung.

Jürgen Habermas' Diagnose seiner Landsleute scheint vordergründig auch in Wien zuzutreffen: "Was uns Bundesbürger betrifft, so scheint noch Verlaß zu sein auf jene Mischung aus aufgeklärtem Egoismus von Wirtschaftsbürgern und kostenlosem Altruismus von Staatsbürgern, die R. Dahrendorf Anlaß gibt zu frohlocken: 'Die Saturierten finden es sehr gut, wenn es im Osten besser wird, aber die Leute sollen doch bitte dableiben'." (J. Habermas, Die nachholende Revolution, S. 214).

Ähnlich gespaltene Haltungen zur verstärkten Zuwanderung finden sich auch unter Wirtschaftstreibenden. Es wird begrüßt, daß Branchen mit Arbeitskräftemangel nun auf ein größeres Potential Arbeitswilliger zurückgreifen können, wie auch, daß dieses Potential größtenteils zu sehr geringen Kosten auszuschöpfen ist. Auch die Verbesserung der Konkurrenzsituation Wiens durch verstärkte Nachfrage aus dem Ausland ist ein positiver Effekt der jüngsten Entwicklungen. Zugleich jedoch birgt die Ungewißheit über die tatsächliche Höhe der Zuwanderung die Gefahr der "Unregierbarkeit" in sich, der Verschlechterung städtischer Infrastrukturleistungen, die sich wiederum negativ auf die Standortqualität Wiens auswirkt.

Keine Privatisierung der Zuwanderung

Aus diesen Ambivalenzen bei verschiedenen gesellschaftlichen Kräften innerhalb der Kommune ergibt sich ein deutlicher Handlungsbedarf der Öffentlichen Verwaltung und der Politik. Um gesellschaftliche Umbruchsituationen möglichst unbeschädigt – wenn auch nicht unverändert – zu überstehen, bedarf es einer gesamtheitlichen Sicht der verschiedenen Bereiche, die nicht von jedem einzelnen erwartet werden kann. Eine "Privatisierung der Zuwanderung", die Delegierung von Entscheidungen an das "Regulativ des freien (Arbeits-)Marktes", würde zu unabsehbaren Folgeerscheinungen für die Lebensqualität in Wien führen. Es gilt für die Öffentliche Hand, eine klare Verantwortung dafür zu übernehmen, wie sich das Zusammenleben zwischen "alteingesessener" und gerade zugezogener Bevölkerung entwickeln soll.

Eine "Privatisierung der Zuwanderung", würde zu unabsehbaren Folgen für die Lebensqualität in Wien führen.

Eine solche Haltung kann und darf indes nicht mit sich bringen, daß man alles für planbar hält. "Als modale Tiere sind Menschen dazu verurteilt, das Gefälle zwischen dem Möglichen und dem Wirklichen so zu gestalten, daß ein Kontinuum erhalten bleibt. Weder darf Wirkliches das Mögliche so stark reduzieren, daß sich der Horizont völlig schließt, noch darf das Wirkliche vom beliebig Möglichen so überwältigt werden, daß die Wirklichkeit als solche verdampft." (Peter Sloterdijk, Vor der Jahrtausendwende, Band 2, S. 707).

Stadtplanung bedeutet besonders in Zeiten des Wandels, vorsichtig, sich selbst immer wieder korrigierend, vorzugehen, behutsam Schritte zu setzen. Denn der Mensch ist Subjekt und Objekt der Planung zugleich. Diese Art der Rücksichtnahme ist indes nicht gleichzusetzen mit einer Politik des Aufschiebens - insbesondere nicht in einer Situation, in der die Stadtverwaltung Gefahr läuft, von Entwicklungen überrollt zu werden, die sie selbst kaum steuern kann. Nicht die Verzögerung von Entscheidungen, sondern die grundsätzliche Anerkennung ihrer Veränderbarkeit, ist die Maxime.

Entscheidungen werden von den politisch Handelnden auf zwei Ebenen gefordert: Es müssen legistische und infrastrukturelle Grundlagen geschaffen werden, die verhindern, daß die Zuwanderer- und Arbeitspendlerbewegungen quasi automatisch zur Katastrophe führen und es müssen Vorkehrungen getroffen werden, die ein Miteinanderleben der Inländer und der "alten" und "neuen" Ausländer erleichtern. Der erste Schritt ist unabdingbar für den zweiten, macht diesen aber nicht überflüssig.

Legistische Maßnahmen zur Vermeidung extremer Ungleichheit auf dem Arbeitsmarkt sind vonnöten.

Recht auf angemessene Arbeitsbedingungen

Auf der Gesetzes- und Verwaltungsebene scheint der wesentlichste Punkt die Eindämmung von Schwarzarbeit zu sein. Schon jetzt hat die Unterzahlung von Arbeitskräften ohne legalisiertes Arbeitsverhältnis eine Dimension erreicht, die weit jenseits der Schmerzgrenzen unseres gesellschaftlichen und wirtschaftlichen Systems liegt. Diese Situation schafft unzumutbare Bedingungen für die ausländischen Arbeitnehmer, gefährdet die Arbeitsplatzqualität derer, die in einem legalen Arbeitsverhältnis stehen und schafft darüber hinaus Bedingungen der extremen Ungleichheit, die im Rahmen eines demokratischen Systems nicht absorbierbar sind. Höhere Strafen für die Beschäftigung von Schwarzarbeitern, effektive Kontrolle der Betriebe, sowie auch andere Formen von Sanktionierung (wie etwa die Verweigerung öffentlicher Aufträge) sind mögliche Maßnahmen, die dazu dienen, das Interesse von Unternehmen an grauen Arbeitsverhältnissen zu verringern.

Aufgrund des Bedarfs der Wiener Wirtschaft an Arbeitskräften, ist indes auch die Erleichterung von legalen Arbeitsverhältnissen für Ausländer vonnöten. Eine deutlich weniger bürokratisierte Erteilung von Beschäftigungsbewilligungen, die unter Umständen bis zu einem Konzept der generellen Arbeitserlaubnis reichen könnte, würde das legitime Interesse der Wirtschaft an Arbeitskräften wahren und den Zuwanderern und Arbeitspendlern das Recht auf angemessene Lebens- und Arbeitsbedingungen geben.

Sensible Wohnraumplanung

Einen zweiten wesentlichen Bereich, der von der verstärkten Zuwanderung betroffen ist, bildet die Wohnungspolitik. Der 1984 erstellte Stadtentwicklungsplan ging von der damals durchaus realistischen Erwartung eines deutlichen Bevölkerungsrückgangs aus. Die Revision dieser Prognose erfordert den Bau neuer Wohnungen in deutlich höherem Maße als vorgesehen. Die sensible Planung von Wohnraum der letzten Jahre, die gewachsene bauliche Strukturen ebenso berücksichtigte wie die Erhaltung von Grünraum, läuft so Gefahr, von Sachzwängen überrollt zu werden. Ein unkontrolliertes Reagieren auf den gestiegenen Bedarf würde zur Verdrängung von Erholungsgebieten und landwirtschaftlich genutzten Flächen zugunsten von Betrieben, Straßen und Wohnbau führen. Eine solche Entwicklung beeinträchtigt indes die legitimen Interessen der Bevölkerung an einem ausreichenden Angebot an Grünflächen. Es gilt daher, Formen der Stadterweiterung zu finden, die einen möglichst geringen zusätzlichen Bodenverbrauch erfordern. Die innerstädtische Stadterweiterung im Sinne der Bebauung von ungenutzten Industriegeländen innerhalb des Stadtgebietes und die Ausdehnung der Stadtentwicklung auf das Wiener Umland sind zwei mögliche Optionen zur Schaffung von Wohnraum. Allerdings wird man ohne Stadterweiterung den gestiegenen Wohnungsbedarf nicht befriedigen können.

Die sensible Planung von Wohnraum der letzten Jahre läuft Gefahr, von Sachzwängen überrollt zu werden.

Welche konkrete Form der Bebauung auch immer gewählt wird, sie bedarf auf jeden Fall begleitender Maßnahmen. Insbesondere ist zu bedenken, daß die finanzielle Situation der Zuwanderer ihnen in den meisten Fällen einen Zuzug in Neubaugebiete nicht ermöglichen wird. Da die Wohnungssituation der länger ansässigen Bevölkerung häufig den eigenen Ansprüchen nicht genügt, erscheint es auch aus dieser Perspektive verteilungspolitisch nicht sinnvoll, Neubauten mit hohem Qualitätsstandard primär für Einwanderer vorzusehen. Aufgabe der Stadtverwaltung ist es also, preiswerte Bestände für finanziell weniger potente Bürger zur Verfügung zu stellen und gleichzeitig Bedürfnisse nach Verbesserung der Wohnsituation weiterhin zu berücksichtigen. Dies kann einerseits im Rahmen des privaten Hausbesitzes geschehen, andererseits im Rahmen des kommunalen Wohnbaus. Allerdings sind derzeit die Widerstände der Bevölkerung hier besonders stark und es wird noch viel Argumentationskraft bedürfen, den Weg zu einer solchen Maßnahme zu ebnen.

Ziel jedenfalls wäre es, eine "herkunftsmäßige" Aufteilung der Bevölkerung nach Wohngebieten zu vermeiden und die in weiten Teilen des dichtverbauten Gebiets vorhandene Durchmischung von unterschiedlichen Einkommensstufen zu erhalten. Und was die unvermeidlichen ökologischen Konflikte betrifft, so kann nur eine genaue Abwägung der Vor- und Nachteile einer Bebauung in jedem einzelnen Fall negative Folgen für die Stadtentwicklung abwenden. Generelle Postulate allein erscheinen nicht geeignet, akzeptable Lösungen zu ermöglichen.

EXPO als Prüfstein

Insbesondere gilt es beim Aufbau neuer Stadtteile eine ausreichende Anbindung an den Öffentlichen Verkehr zu gewährleisten. Denn nur dadurch können zusätzliche Belastungen durch den Individualverkehr vermieden und zugleich zumutbare Fahrzeiten zwischen Wohn- und Arbeitsort ermöglicht werden. Zugleich sind Maßnahmen vonnöten, die eine bewußte, umweltorientierte Verwendung des Autos fördern. Dabei gewinnt die Parkraumpolitik besonderes Gewicht. Die Errichtung ausreichender Parkmöglichkeiten im Wohnbereich in Verbindung mit einer deutlichen Verminderung von Abstellplätzen in der Nähe des Arbeitsplatzes stellt einen ersten Schritt in diese Richtung dar.

Doch auch wenn eine ökologische Verkehrspolitik erreicht, daß sich die durchschnittlichen Wegzeiten in Wien nicht verlängern und die Arbeitswege mit öffentlichen Verkehrsmitteln zu bewältigen sind, ist eine stärkere Verkehrsbelastung aufgrund der steigenden Bevölkerung und dem erhöhten Warenaustausch, der einen stärkeren Güterverkehr impliziert, in Wien wohl unvermeidlich. Infrastrukturelle Maßnahmen der Stadt Wien werden erforderlich sein, um das Verkehrsproblem nicht bedrohlich werden zu lassen.

Der geplante Ausbau des Öffentlichen Verkehrs in Kombination mit der Bereitstellung von Park & Ride-Plätzen wird hier die Entwicklung maßgeblich positiv beeinflussen. Die EXPO '95, bei der weitaus höhere Verkehrsströme zu erwarten sind als im normalen Alltag, kann als Prüfstein für diese Maßnahmen gelten und bietet zugleich ein Experimentierfeld für neue Formen der Verkehrsgestaltung. Anfang Juli wurden durch einen diesbezüglichen Vertrag zwischen Bund und Land Wien die Weichen für einen forcierten Ausbau des Schienennetzes in Wien gestellt.

Es gilt, beim Aufbau neuer Stadtteile eine ausreichende Anbindung an den Öffentlichen Verkehr zu gewährleisten.

Zusätzlich zu den positiven Anreizen zur "autolosen Fortbewegung", die sich aus einer Verbesserung der Infrastruktur ergeben können, werden auch Einschränkungen für den Individualverkehr nötig sein, um den Umstieg auf öffentliche Verkehrsmittel zu forcieren.

Gerade am Beispiel des Verkehrs zeigt sich indes deutlich, daß Planung nicht an den Stadtgrenzen enden kann. Würden die oben genannten Optionen dazu führen, daß die gesamte Ostregion täglich von einer ungeheuren Verkehrsflut heimgesucht wird, die am Stadtrand Wiens von riesigen Parkplätzen aufgefangen wird, so müßte man wohl von einer deutlichen Verfehlung der ökologischen Ziele ausgehen. Nur in enger Kooperation mit den betroffenen Regionen und dem Bund ist es möglich, adäquate Lösungen zu finden.

Europa der Regionen

Diese übergreifenden Strategien sind auch in anderen Bereichen vonnöten und können nicht an den Staatsgrenzen enden. Die Entwicklungen innerhalb der EG machen deutlich, daß die Bedeutung von Staatsgrenzen abnimmt und ein "Europa der Regionen" entsteht, innerhalb dessen sich diejenigen, die von Entwicklungen gleichermaßen betroffen sind, gemeinsam um Problemlösungen bemühen – unabhängig von Nationalität und staatlicher Zugehörigkeit.

Ein "Europa der Regionen" ist in Entstehung begriffen.

Für Österreich bieten sich hier besondere Chancen der Vernetzung, wobei zum Teil auf Erfahrungen der K.u.K.-Zeit zurückgegriffen werden kann. Doch wäre es für alle Beteiligten falsch, wenn Österreich und insbesondere auch Wien in Zukunft eine führende Rolle beanspruchen würden, die sie in diesem Nationenbund einmal eingenommen hatten. Nur eine gleichberechtigte Zusammenarbeit, in der nationalstaatlicher Egoismus abgelöst wird von einer verantwortungsbewußten Haltung für die gemeinsame Welt, kann tragfähige Konzepte der Zukunftsbewältigung bieten. Gegen den Hintergrund eines engeren Zusammenrückens der Welt, das sich nicht nur im täglich über TV vermittelten Bild des "global village" äußert, stellt sich die Frage der Zuwanderung von Menschen anderer Nationalitäten grundsätzlich in einem anderen Licht dar. "Jede Gleichsetzung von 'Demos' als Träger der politischen Souveränität mit einem spezifischen 'Ethnos' führt im Ergebnis zu einer Unterdrückung oder Zwangsassimilation von anderen ethnischen, kulturellen, religiösen oder sozioökonomischen Bevölkerungsteilen innerhalb eines politischen Verbandes." (J. Habermas, Die nachholende Revolution, S. 217).

Eine positive Form von Patriotismus, von Stolz auf das eigene Land und die eigene Stadt kann sich auch ohne Abwertung anderer Kulturen entwickeln, wenn die Bewohner der Stadt in der Lage sind, die Entwicklungen der Vergangenheit als positive Schritte hin zu einer hoffnungsvollen Zukunft zu betrachten. Wird die Gegenwart als Fokus dieser Sichtweise zwar kritisch, aber grundsätzlich bejahend erlebt, so erhöht sich auch die Toleranz gegenüber anderen Formen der Lebensgestaltung. Nur aus Unsicherheit und Zweifel am eigenen Wert entsteht der Zwang dazu, anderes zu entwerten.

Bürgerbeteiligung

Doch kann ein solches Vertrautsein mit der eigenen – engeren und weiteren – Umwelt sich nur dann entwickeln, wenn sich die Möglichkeit bietet, Verantwortung für ihre Gestaltung zu übernehmen. Politik muß sich so immer dem Spannungsfeld zwischen langfristiger Planung, Spezialistenwissen und dem legitimen Bedürfnis der Bürger nach Mitbestimmung aussetzen. Eine zentrale Aufgabe, die ihr dabei zukommt, ist eine Gestaltung ihres Handelns, die Transparenz bietet, die auch Laien ein tieferes Verständnis erlaubt. Es muß wohl nicht näher erläutert werden, daß dies in Zeiten zunehmender Komplexität und Vernetzung gesellschaftlicher Aufgabenbereiche einen Anspruch darstellt, der nicht in allen Fällen wirklich einlösbar ist. Häufig wird auch eine engagiert demokratische Politik nicht mehr anbieten können als "vertrauensbildende Maßnahmen", die ein umfassendes Verständnis aller entscheidungsrelevanten Tatsachen ersetzen müssen. Doch auch ein solches Vertrauen in das Urteil von Fachleuten ist nur erreichbar über möglichst umfassende Information und über die Bereitschaft der Entscheidungsträger, sich auf unangenehme Fragen, auf andere Standpunkte vorbehaltlos einzulassen.

Politik muß sich immer dem Spannungsfeld zwischen Spezialistenwissen und dem legitimen Bedürfnis der Bürger nach Mitbestimmung aussetzen.

Für eine solche Form der Stadtplanung gilt es, formelle Absicherungen zu treffen. Es ist zu gewährleisten, daß betroffene Bürger mit ihren Bedenken bis zu den richtigen Ansprechpartnern vordringen und von diesen ernst genommen werden. Die existierenden Formen der Mitbestimmung greifen in vielen Fällen zu kurz; bessere Kommunikationsschienen, die vor allem eine frühere, gegenseitige Information ermöglichen, sind noch zu schaffen.

Erweiterung demokratischer Rechte

Auch in diesem Bereich hat zu gelten, daß es keine Bürger erster und zweiter Klasse gibt. Tausende Menschen, die schon seit vielen Jahren in Wien leben, haben bisher nicht einmal die Möglichkeit, auf der Wahlebene ihre Zustimmung oder Ablehnung der praktizierten Kommunalpolitik zu äußern. Bedingung für eine aktive Mitgestaltung der Stadt kann aber nicht der Besitz der richtigen Staatsbürgerschaft sein. Dieses Recht kann nur an dem Willen dazu gemessen werden, Verantwortung für die Stadtentwicklung zu übernehmen. Die Tatsache, daß jemand seit mehreren Jahren in Wien lebt, müßte also genügen, ihm diese Möglichkeit zuzugestehen. Hier gilt es indes noch, viel Überzeugungsarbeit zu leisten.

Eine Erweiterung demokratischer Rechte erscheint zur Bewältigung künftiger Probleme unumgänglich.

Eine Erweiterung demokratischer Rechte erscheint so unumgänglich zur Bewältigung künftiger Probleme, die ja schließlich uns alle betreffen werden. Auch sie kann indes nicht das Glück und die Zufriedenheit jedes einzelnen garantieren. Immer wieder wird es daher für Politiker und Stadtplaner vonnöten sein, sich über durchaus legitime und verständliche Wünsche einzelner im Interesse der langfristigen Entwicklung hinwegzusetzen. "Was die Gesellschaft voranbringt, muß noch lange nicht den einzelnen fördern oder gar glücklich machen." (P. Sloterdijk, Vor der Jahrtausendwende, Band 2, S. 589).

Dieser Satz behält seine Gültigkeit auch in einem Szenario der völligen Demokratisierung der Gesellschaft. Doch besteht jenseits solcher idealtypischen Überlegungen die Notwendigkeit, die Betroffenen zu informieren und ihnen ernsthaft Gehör zu schenken. So wäre eine Politik sicherlich zum Scheitern verurteilt, die die umfangreichen Prozesse des Voneinander-Lernens, die durch den Zuzug von Menschen anderer Nationalität erforderlich werden, völlig der privaten Initiative überläßt. Das komplexe Feld von Integration und Erhaltung der eigenen kulturellen Werte kann nur in einem umfassenden Sinne abgedeckt werden. Die Schaffung von interkulturellen Möglichkeiten des Austauschs, wie etwa von Stadtteilzentren oder Medien, könnte einen Ansatzpunkt für echte Multikulturalität bilden, die mehr bedeutet als das Nebeneinander von Menschen verschiedener Herkunft. Zugleich bedeutet die Schaffung solcher Einrichtungen ein Bekenntnis zur Berechtigung von Mehrfachloyalitäten, zu Lebensformen, die gemäß der eigenen Geschichte Wertvorstellungen unterschiedlicher Kulturen in sich vereinigen.

Eine Zusammenschau all dieser Optionen läßt ein Bild entstehen, das sich von den Besorgnissen, die wohl uns alle zur Zeit beschäftigen, deutlich abhebt: Wien als Ort des gemeinsamen Lebens von Menschen unterschiedlicher Nationalität, die sich unabhängig von ihrer Herkunft zu dieser Stadt als der ihren bekennen und ihre Zukunft aktiv mitgestalten.

Viele dieser Vorstellungen mögen zum heutigen Zeitpunkt als Utopien im eigentlichen Sinne erscheinen, als Fernziele, die nicht unmittelbar erreichbar sind, ohne die aber jegliche pragmatische Zielsetzung ihre Sinngebung verliert. "Aber selbst wenn 'Weltgesellschaft' real nicht existiert, kommt der Idee von Weltgesellschaft doch eine programmatische Bedeutung zu. Der Ausgangspunkt der Überlegung ist dem im Völkerrecht vergleichbar: Auch das Völkerrecht antizipiert den Zustand gewaltfreier Konfliktregelung und friedlichen Wandels, ohne zu unterstellen, er sei in der Wirklichkeit schon vorfindbar. Die programmatische Vorgabe soll wünschenswerte Entwicklungen fördern helfen." (P. Sloterdijk, Vor der Jahrtausendwende, Band 2, S. 329).

Zu den vielfältigen Herausforderungen, denen sich Stadtplanung in einer Zeit des Umbruchs stellen muß, gehört so auch eine grundlegende: Sie hat ihren Mut zur Utopie unter Beweis zu stellen. Und gemeinsam mit den "alten" und "neuen" Bewohnern Wiens kann es gelingen, die vielfältigen Chancen, die sich unserer Stadt bieten, zu nutzen und die entstehenden Probleme in einer Form zu lösen, die dem einzelnen eine umfassende Entfaltung der eigenen Lebensziele ermöglicht.

So könnte in Wien ein Modell dafür entstehen, wie Menschen aus verschiedenen Ländern und Regionen eine gemeinsame Stadt bauen – nicht konfliktfrei, nicht in voller Harmonie, aber mit dem Willen zur friedlichen Konfliktlösung.

Modellhaft kann auch die Stadtentwicklung hinsichtlich der Rücksicht auf ökologische Bedürfnisse sein. Zwar bedeuten eine steigende Bevölkerungszahl und eine wachsende Wirtschaft erhöhten Landverbrauch. Aber wie dieser Landverbrauch vor sich geht, ist ein Prüfstein der Kommunalpolitik und nicht zuletzt der Stadtplanung!

Dieser Beitrag ist eine überarbeitete Fassung
des Eröffnungsreferats.

Hannes Swoboda, Dr.jur.,
Amtsführender Stadtrat für Stadtentwicklung,
Stadtplanung und Personal in Wien.

Bevölkerungswachstum trotz Geburtenrückgang

Die Entstehung einer "Weltgesellschaft"

Bestimmungsgrößen internationaler Wanderbewegungen

Städtisches Migrationspotential

Steuerungsmechanismen der Politik

Bedeutung der Veränderungen in Osteuropa

Entwicklungsdifferenzen und Wanderungspotential

Fortschreitende Wertdiffusion

Multikulturalität und Segregation

Strukturelle Distanz der Immigranten

Betonung der kulturellen Identität

"Gesinnungsethik" und "Verantwortungsethik"

Probleme der Multikulturalität

Chancengleichheit als politisches Ziel

Europäische Migration
Perspektiven nach der Öffnung der Grenzen im östlichen Mitteleuropa

Hans-Joachim Hoffmann-Nowotny

Zuwanderer aus den Staaten des ehemaligen Ostblocks wurden im Westen so lange als lebende Beweise für die Attraktivität von Demokratie, Rechtsstaat und Marktwirtschaft gefeiert, wie es ihnen in kleinen Zahlen gelang, barbarische Grenzen zu überwinden.

Nach der Aufhebung dieser Grenzen tritt "Normalität" ein, will sagen: Es geschieht das, was migrationstheoretische Überlegungen für diesen Fall prognostiziert haben.

Insbesondere Österreich und die Bundesrepublik Deutschland sind aus historischen wie geographischen Gründen – die zusätzlich zu den allgemeinen Wanderungsdeterminanten wirken – mit beachtlichen Zuwandererströmen konfrontiert. Auch in bezug auf diese neue Migration ist nun zu verzeichnen, was die Wanderungssituation seit Anfang der Siebziger kennzeichnet: Abwehrmaßnahmen werden diskutiert, vorbereitet oder wurden schon in Gang gesetzt.

In der Bundesrepublik steht die Beendigung des Notaufnahmeverfahrens bevor; Österreich hat für Rumänen die Visumspflicht wieder eingeführt. Darüber hinaus werden in der Bevölkerung Abwehrreflexe unübersehbar. Am 9. März 1990 (Nr. 57, S. 3) meldet die "Neue Zürcher Zeitung": "Aufruhr im Burgenland gegen Rumänienflüchtlinge" und die Illustrierte "Stern" wartet am 1. März 1990 (Nr. 10, S. 39) mit dem Ausspruch eines Westdeutschen gegenüber Übersiedlern aus der DDR als Titel auf: "Haut ab, ihr Kommunistenschweine".

Bevölkerungswachstum trotz Geburtenrückgang

Als Konsequenz der schon eingetretenen und sich abzeichnenden Zuwanderungen wird die seit Jahren von Demographen, Stadt- und Raumplanern sowie im Bereich von Politik und Öffentlichkeit geführte Diskussion über die Probleme eines dem Geburtenrückgang folgenden Bevölkerungsrückgangs obsolet. Als jemand, der sich seit mehr als 20 Jahren mit dem Phänomen der Migration theoretisch und empirisch auseinandersetzt, bin ich dieser Diskussion seit langem distanziert gegenübergestanden. Die jetzt eingetretene Öffnung der Grenzen in Mitteleuropa habe ich so wenig wie alle anderen im einzelnen vorausgesehen, aber verschiedentlich darauf aufmerksam gemacht, daß das ungeheure weltweite Migrationspotential noch einmal zunehmen würde, wenn dieser Fall einträte.

Nicht Bevölkerungsrückgang ist also das Thema der näheren Zukunft, sondern Bevölkerungswachstum durch internationale Migration.

Nicht Bevölkerungsrückgang ist also das Thema der näheren Zukunft, sondern Bevölkerungswachstum durch internationale Migration – und zwar ob man dies will (was offenbar in Wien der Fall ist) oder nicht. Ich beglückwünsche jedenfalls den Magistrat der Stadt Wien, daß er sich so schnell und entschieden dieser Entwicklung stellt – auch wenn wesentliche Fragen, wie insbesondere die Arbeitsteilung im Donauraum – noch offen stehen. Jedoch teile ich – wie noch auszuführen sein wird – nicht alle Schlußfolgerungen, die in den vom Magistrat in Auftrag gegebenen Studien in Bezug auf Maßnahmen und Konsequenzen des migrationsbedingten Bevölkerungswachstums von Wien gezogen werden.

Ganz generell möchte ich allerdings sehr anraten, die auftretenden und noch auf uns zukommenden Probleme nicht allein mit Blick auf die "aktuelle" Zuwanderung anzugehen, sondern sich bewußt zu sein, daß das eben genannte weltweite Migrationspotential – wiederum ob wir es wollen oder nicht – ebenfalls in Rechnung gestellt bleiben muß. Daß dabei Minderheitenprobleme eines ganz anderen Ausmaßes auf uns zukommen, als sie aus der Zunahme der südosteuropäischen Zuwanderung resultieren werden, sei hier nur am Rande vermerkt.

Dazu nur zwei Hinweise, die beliebig ergänzt werden könnten: Die Regierung des Kantons Zürich wurde am 12. März 1990 in einer parlamentarischen Interpellation aufgefordert, dazu Stellung zu nehmen, daß "der Kanton Zürich vermehrt zum Schauplatz krimineller rassistischer und fremdenfeindlicher Aktivitäten geworden (sei)", während bekanntlich der Bürgermeister von Florenz (am 13.3.1990) zurücktreten mußte, weil er illegal eingereiste Schwarzafrikaner, die in den Tagen zuvor in einer Strafexpedition von einheimischen Jugendlichen verprügelt worden waren, an ebenso illegalen Straßenverkaufsaktivitäten im Stadtzentrum hindern wollte.

Mit der erwähnten weltweiten Wanderung, die in längerfristiger Perspektive weitaus andere Dimensionen – im Umfang und in den Problemen, die sie zu schaffen droht – annehmen wird als die Zuwanderung aus den Staaten des ehemaligen Ostblocks, möchte ich Sie deshalb auch konfrontieren und mich – parallel und vergleichend – gleichzeitig den Wanderungen nach Öffnung der Grenzen in Mitteleuropa zuwenden. Abschließend sollen die daraus resultierenden Minderheitsprobleme unter dem Aspekt der Problematik der multikulturellen Gesellschaft behandelt werden.

Die Entstehung einer "Weltgesellschaft"

Eine soziologische Beschäftigung mit weltweiten internationalen Wanderungen (bzw. dem internationalen Wanderungspotential) muß zunächst von mindestens zwei Tatsachen ausgehen, nämlich

1. dem Wachstum der Weltbevölkerung und
2. dem Entstehen einer "Weltgesellschaft".

Nach den Berechnungen der Vereinten Nationen wird die gegenwärtige Weltbevölkerung auf 5,25 Milliarden geschätzt. Die Zahl von 6 Milliarden soll nach der gleichen Quelle zwischen 1997 und 2001, die von 7 Milliarden zwischen 2006 und 2018 und die von 8 Milliarden zwischen 2015 und 2045 erreicht werden. Eine aktuelle Prognose der Weltbank spricht sogar von

8,4 Milliarden im Jahr 2025. In neuesten Schätzungen der UNPFA wird nicht mehr wie bisher angenommen, daß sich die Weltbevölkerung bis gegen Ende des 21. Jahrhunderts bei 10,2 Milliarden einpendeln werde; ein Anstieg auf rund 14 Milliarden scheint nicht unplausibel.

Daß damit ein immenses Wanderungspotential gegeben ist, ist naheliegend; daß dieses Potential sich aber auch in Wanderungen umsetzt, ist nicht selbstverständlich, sondern bedarf der genannten zweiten Bedingung (Hoffmann- Nowotny 1989), daß die Welt als Weltgesellschaft in zunehmendem Maße Realität wird (Heintz 1982). Dies ist das Ergebnis der anscheinend unaufhaltsamen Diffusion des Struktur- und Kulturmodells der westlichen Welt, das sich nun auch in den Staaten Osteuropas durchgesetzt hat oder auf dem Wege dazu ist.

Bestimmungsgrößen internationaler Wanderbewegungen

Vor dem Hintergrund der Tatsache der Weltgesellschaft werden die internationalen Wanderungen bzw. das weltweit latent oder manifest vorhandene Wanderungspotential primär von zwei Faktoren determiniert, nämlich

1. dem Entwicklungsgefälle zwischen den nationalen Einheiten der Weltgesellschaft als strukturellem, und
2. der Wertintegration dieser Gesellschaft, die den Anspruch auf soziale Mobilität erzeugt und legitimiert, als kulturellem Moment.

Unter Entwicklungsgefälle wird verstanden, daß die Weltgesellschaft hinsichtlich ihrer Struktur durch eine Art von Ungleichheit charakterisiert ist, die es aus soziologischer Sicht nahelegt, sie als eine "geschichtete" Gesellschaft zu bezeichnen. Das Schichtkonzept impliziert eine im Prinzip "offene" Gesellschaft, d.h. eine Gesellschaft, die (im Gegensatz zur ständisch-feudalen oder Kastengesellschaft) soziale Mobilität erlaubt, die ihrerseits oft an geographische Mobilität geknüpft ist. Soziale Mobilität kann prinzipiell auf zwei Wegen vonstatten gehen: auf dem der kollektiven oder auf dem der individuellen Mobilität.

Im ersten Falle wird versucht, die individuelle Situation durch eine Veränderung der Position des Kollektivs zu verbessern, dem man angehört; z.B. durch erfolgreiche Entwicklungsanstrengungen in der Region oder Nation, in der man lebt.

Der zweite Fall liegt vor, wenn man die individuelle Lage gleichsam im Alleingang zu verbessern sucht, z.B. auf dem Weg über eine Auswanderung. "Entwicklung" oder "Mobilität" wären aber kein Thema, wenn es in der Welt als einer Gesellschaft nicht gemeinsame Vorstellungen von Wohlstand, Wohlfahrt, sozialer Gerechtigkeit usw. gäbe, und zwar als Folge einer Werthomogenisierung oder kulturellen Integration der Welt, die erst die Struktur des internationalen Systems – und die darin gegebene Ungleichheit – im individuellen Bewußtsein ihren Niederschlag finden läßt. Die Wanderungen aus den weniger entwickelten Teilen Europas (Hoffmann-Nowotny 1978a; Werner 1986) sowie aus den Entwicklungsländern (bzw. die z. T. verzweifelten Versuche dazu) lassen erkennen, daß Abermillionen von Menschen nicht länger bereit sind, auf den Erfolg kollektiver Bemühungen zu warten, sondern durch die Auswanderung eine Verbesserung ihrer individuellen Lebenslage zu erreichen suchen.

Die Verstädterung der Dritten Welt macht das Migrationspotential deutlich.

Städtisches Migrationspotential

In der rapide ansteigenden Verstädterung in der Dritten Welt findet das in den dazu gehörenden Ländern vorhandene Migrationspotential seinen ersten sichtbaren Ausdruck. In den Städten werden "unsere" Strukturen physisch faßbar und sichtbar, erfolgt eine Fortsetzung der Übernahme "unserer" Werte, wird aber zugleich auch die unendliche Distanz erfahren, die den Zuwanderer von der angestrebten Lebenslage trennt. In den Städten finden potentielle Auswanderer migrationsrelevante Informationen, und dort stehen dann schließlich auch Transportsysteme zur Verfügung (wiederum von "unserer" Welt übernommen oder gänzlich getragen), die eine kontinentübergreifende internationale Migration technisch möglich machen.

Besonders verlockend erscheint die Auswanderung häufig für jene städtische Schicht, die zwar Zugang zu verschiedenen Stufen des Bildungssystems hatte (das weitestgehend nach dem Vorbild der entwickelten Welt modelliert ist, mit entsprechenden Konsequenzen für den Sozialisierungsprozeß), sich dann aber als unbeschäftigt, unterbeschäftigt oder jedenfalls (wiederum aus subjektiver Sicht) unterbezahlt ansehen muß, wenn sie sich mit der entsprechenden Schicht in den entwickelten Ländern vergleicht. So ist es denn auch naheliegend (und empirisch vielfach bestätigt), daß sowohl die Migration aus der Dritten Welt als auch die in den letzten Jahrzehnten stattgefundenen Wanderungsbewegungen aus den weniger entwickelten in die höher entwickelten Länder Europas, zumindest in der Anfangsphase, eine Art von "brain drain" darstellen. Erst in späteren Phasen ziehen jene Migranten nach, die über eine "step-by-step migration" in den Städten der unterentwickelten Länder gleichsam für die Migration "vorsozialisiert" wurden.

Weitere Randbedingungen, die Migrationsströme steuern, stammen aus der Geschichte der beteiligten Kontexte. Die spezifische Zusammensetzung der eingewanderten Bevölkerung ist z.B. in Großbritannien, Frankreich oder den Niederlanden in deren kolonialer oder in Österreich in dessen imperialer Vergangenheit begründet. Allgemeiner gesagt: Hier liegen strukturelle und kulturelle Verknüpfungen vor, die nicht nur während der Kolonial- bzw. k. u. k.-Epoche wirksam waren, sondern auch nach deren Beendigung noch fortwirken und migrationsrelevant sind.

Aber auch unabhängig von diesen speziellen Gegebenheiten tendieren Migrationsströme, die sich einmal – aus welchen Gründen auch immer – eine bestimmte Richtung gesucht haben, dazu, sich fortzusetzen. Ein wichtiger Faktor in diesem Zusammenhang ist eine geringe räumliche Distanz zwischen Aus- und Einwanderungskontext, die z.B. in Europa die traditionell starke italienische Einwanderung in die Schweiz begünstigt hat und auch jetzt im Falle Österreichs und der Bundesrepublik Deutschland eine erhebliche Rolle spielt.

Steuerungsmechanismen der Politik

Von nicht geringem – obwohl manchmal überschätztem – Gewicht sowohl für den Umfang als auch die Zusammensetzung der Migration sind auch die Einwanderungspolitiken der (potentiellen) Aufnahmeländer (Hammar 1985). Vom völligen Abschluß gegenüber der Einwanderung über verschiedenste Quotenregelungen bis hin zu mehr oder weniger völliger Öffnung reichen hier die historischen Beispiele. Daß die heutigen Einwanderungspolitiken durchwegs sehr restriktiv sind, darf man als einen sicheren Indikator dafür ansehen, daß das Auswanderungspotential um ein Vielfaches größer ist als die Einwanderungsländer an Einwanderung zuzulassen bereit sind.

Politische Steuerungsmechanismen können Migrationsströme beeinflussen, nicht aber aufhalten.

Migrationspotential kann sich schließlich nur dann in Wanderungen größeren Umfangs ausdrücken, wenn die Ausreise nicht verunmöglicht oder jedenfalls nicht sehr erschwert wird, d.h. wenn die potentiellen Emigrationsländer nicht eine zur Politik der Einwanderungsländer analoge restriktive Auswanderungspolitik betreiben. Zu einiger Perfektion hatten es dabei nur die Länder des "sozialistischen Lagers" gebracht; allerdings war – wie wir in dramatischer Weise erfahren haben – diese Politik nicht auf Dauer durchzuhalten.

Es bleibt also festzuhalten, daß bestimmte Vor- und Randbedingungen Migrationsströme zwar hinsichtlich ihrer Richtung, ihres Umfangs und ihrer Zusammensetzung zu beeinflussen vermögen, daß das als Konsequenz der zunehmenden Ausformung der Welt als einer Gesellschaft – und ihrer strukturellen und kulturellen Penetration durch das westliche Modell – theoretisch postulierte Migrationspotential als solches davon aber nicht nennenswert beeinflußt wird.

Bedeutung der Veränderungen in Osteuropa

Als Konsequenz der "Ausformung der Welt als einer Gesellschaft" ist letztlich auch der Zusammenbruch des Herrschaftssystems des "realen Sozialismus" anzusehen. Im Vergleich zum im vorhergehenden erwähnten Weltmigrationspotential ist das Auswanderungspotential der hier in Frage stehenden Länder, das damit freigesetzt wurde (wenn wir die bevölkerungsmächtige, aber im Verhältnis zum Potential der Dritten Welt doch wieder "kleine" Sowjetunion einmal vorläufig auslassen) zu vernachlässigen. Bulgarien, die DDR, Jugoslawien, Polen, Rumänien, die Tschechoslowakei und Ungarn bringen es zusammen auf nur rund 137 Millionen Einwohner. Die Geburtenrate dieser Länder zeigt uns, daß sie entweder gerade noch ausreicht, den Bevölkerungsstand zu sichern oder sogar unter dem für die Bestandserhaltung nötigen Niveau liegt. Ein eigentlicher "Bevölkerungsdruck", wie er aufgrund der Milliardenbevölkerungen der Dritten Welt und deren schnellem Wachstum als Migrationsdeterminante gegeben ist, liegt also in den genannten Ländern des ehemaligen Ostblocks nicht vor. Es bleiben deshalb als Determinanten das Entwicklungsgefälle und die Wertintegration.

Das Auswanderungspotential Osteuropas ist im Vergleich zu dem der Dritten Welt zu vernachlässigen.

Für die Entwicklungsunterschiede ist auch prägend, daß diese sich zum Teil innerhalb der letzten fünfzig Jahre gravierend verändert haben: So war das BSP/p.c. der Tschechoslowakei am Ende der Zwischenkriegszeit deutlich höher als das Österreichs. Heute hingegen beträgt das tschechoslowakische Durchschnittseinkommen nur etwa die Hälfte des österreichischen.

Daß die Menschen, um die es hier geht, unsere Werte teilen, steht außer Frage. Die sogenannte "Abstimmung mit den Füßen" ist genug Evidenz für beide Determinanten.

Entwicklungsdifferenzen und Wanderungspotential

Für eine Prognose der faktischen Entwicklung des Migrationspotentials und -umfangs gälte es nun, abzuschätzen, welche empirischen Wahrscheinlichkeiten man den verschiedenen Kombinationen der unabhängigen Variablen zumessen will. Daß eine solche Abschätzung mit einem gewissen Irrtumsrisiko belastet ist, muß nicht besonders betont werden. Da die Wertintegration eher noch zunehmen wird, hängt das Wanderungspotential aus den Ländern im östlichen Mittel- und Südeuropa ausschließlich von den Entwicklungsdifferenzen ab. Sollten diese schnell abnehmen oder sollte sich dies für die Betroffenen in kurzfristiger Perspektive zumindest glaubhaft abzeichnen, dann dürfte das Wanderungspotential entsprechend schnell schrumpfen. Dies hat sich z.B. in bezug auf die südeuropäischen Mitglieder der EG gezeigt, aus denen die Wanderungen in die hochentwickelten Länder in dem Maße zurückgingen, in dem – trotz weiter bestehender Entwicklungsdistanz – ein wirtschaftlicher Aufschwung sichtbar wurde.

Eine spürbare Verbesserung des Lebensstandards in den osteuropäischen Ländern ließe das Wanderungspotential schnell schrumpfen.

Der faktische Wanderungsumfang ist dann ein Produkt des Wanderungspotentials auf der einen und der Einwanderungspolitik der westeuropäischen Länder auf der anderen Seite, die mehr oder weniger restriktiv bzw. attraktiv und mehr oder weniger effektiv gestaltet sein kann. Wenn man unterstellt, daß die Hinwendung der genannten Länder zu einem demokratisch marktwirtschaftlichen System recht bald zu einer spürbaren Verbesserung des Lebensstandards führt, dann würde die Auswanderung auf eine kurze Zeitspanne beschränkt bleiben. Sollte dieser Prozeß jedoch eher langsam verlaufen (d.h. die Entwicklungsunterschiede bleiben noch für längere Zeit bestehen), dann ist wegen der noch zunehmenden Wertintegration, die sich u.a. in steigenden Erwartungen ausdrückt, mit weiter anhaltendem Wanderungsdruck zu rechnen.

Will man also die Wanderungen aus dem ehemals sozialistischen Lager möglichst gering halten, dann ist angesichts der begrenzten Effektivität von Abwehrmaßnahmen die Förderung der sozialen und ökonomischen Entwicklung dieser Länder das geeignetste Steuerungsinstrument. Mittel- und längerfristig könnte sich also das Wanderungsgeschehen deutlich wandeln:

Erstens könnte – wie oben gesagt – eine schnelle ökonomische Entwicklung der Staaten des ehemaligen Ostblocks die Auswanderung entsprechend schnell reduzieren;

Zweitens ist eine schnelle Assimilation und Integration der Zuwanderer aus diesen Ländern zu erwarten. Als Folge dessen könnten sie sich dem Wanderungsverhalten der Einheimischen anschließen, d.h. die Großstädte, in die sie zunächst gewandert sind, wieder verlassen.

Drittens ist schließlich jedenfalls nicht auszuschließen, daß bei einer weitergehenden europäischen Integration Österreicher (und zwar wohl vornehmlich solche aus den Städten) ökonomische Chancen in den vormals sozialistischen Ländern wahrnehmen werden, so daß es zu einer gegenläufigen Wanderung kommt. Hinsichtlich der BRD und der DDR zeichnet sich ein Prozeß der gleichzeitigen Wanderung in beide Richtungen schon ab: Einer eher "unterschichtenden" Wanderung aus der DDR in die BRD steht eine eher "überschichtende" Wanderung aus der BRD in die DDR gegenüber.

Fortschreitende Wertdiffusion

Wenn wir uns nun noch einmal kurz der "Weltgesellschaft" zuwenden, dann hat es den Anschein, daß die Wertdiffusion auch bei Errichtung hoher Barrieren, wie sie z.B. China aufzurichten versucht hat, nicht zu bremsen ist und zusammen mit den kaum abnehmenden strukturellen Distanzen ein auf Mobilisierung und Mobilität drängendes Potential erzeugt, das man zwar kollektiv nutzen könnte, dem aber angesichts des bisher geringen Erfolges kollektiver Entwicklungsbemühungen die Chance individueller Mobilität via Auswanderung nur schwer vorenthalten werden kann. Da es einem reinen Wunschdenken entspräche, anzunehmen, die Entwicklungsunterschiede zwischen den hochentwickelten Ländern und denen der Dritten Welt würden in absehbarer Zeit deutlich abnehmen, sondern vielmehr davon auszugehen ist, daß sie mindestens gleich bleiben, vielleicht aber noch zunehmen werden, müssen wir mit einem weiteren (und wahrscheinlich noch zunehmenden) Wachstum des weltweiten Wanderungspotentials rechnen.

Angesichts des gegebenen und noch zunehmenden Umfangs des Weltmigrationspotentials erscheint die Vorstellung bizarr, eine Aufhebung von Einwanderungsrestriktionen könnte zu einem auch sozial erträglichen Bevölkerungsgleichgewicht – wie immer man dies definieren mag – führen. Wanderungen, die Ausdruck der Unfähigkeit des internationalen Systems sind, das Problem der Unterentwicklung und der Entwicklungsgefälle an der Quelle zu lösen, können diese Unfähigkeit weder erträglich machen, noch können sie ein Ersatz für Entwicklung sein, so sehr die Migration dem einzelnen Einwanderer verbesserte Lebenschancen eröffnen mag.

Multikulturalität und Segregation

Kulturelle Absonderung bedeutet die Schaffung von Minderheiten, strukturelle Segregation die einer fremdethnischen Unterschicht.

Wenn Einwanderer kommen und im Einwanderungsland verbleiben, dann stellen sich Fragen, die den einwanderungsbedingten strukturellen und kulturellen Wandel der aufnehmenden Gesellschaft betreffen.

Gelingt es auf Dauer nicht, die Einwanderer in die Struktur zu integrieren, so kommt es zu einer Unterschichtung (Hoffmann-Nowotny 1973) und/oder Segregation – etwa in Form von Ghettobildung (Hoffmann-Nowotny/Hondrich 1982). Assimilieren sich die Einwanderer auf Dauer nicht an die Kultur der Einwanderungsgesellschaft, so ist das Ergebnis eine multikulturelle Gesellschaft.

Da Assimilation und Integration sich wechselseitig bedingen, behindert mangelnde Integration den Assimilationsprozeß und mangelnde Assimilation beeinträchtigt den Integrationsprozeß. Kulturelle Absonderung bedeutet die Schaffung von Minderheiten (Hoffmann-Nowotny 1979), strukturelle Segregation die einer fremdethnischen Unterschicht. Kommt beides zusammen, so kumulieren sich Minderheits- und Klassenprobleme. Die Situation in Großbritannien, Frankreich und den Niederlanden gibt hinreichenden Anschauungsunterricht für die Brisanz einer solchen Konstellation.

Insbesondere der mit "Assimilation" bezeichnete Sachverhalt ist nun inzwischen in dem Sinne umstritten, daß in einigen europäischen Immigrationsländern Assimilation als (ein zu verhindernder) Prozeß der "Kulturzerstörung" angesehen wird. Es hat die Idee Platz gegriffen, daß Immigranten (einschließlich der zweiten oder dritten Generation) vielleicht zwar integriert, nicht aber assimiliert werden sollten; d.h. es sollte ihnen nicht nur erlaubt werden, ihre eigene Kultur zu pflegen und Kontakt mit ihren Heimatländern aufrechtzuhalten (was eine Selbstverständlichkeit wäre), sondern sie sollten geradezu dazu aufgefordert und in diesbezüglichen Bestrebungen aktiv unterstützt werden, insbesondere durch staatliche Maßnahmen zur Erhaltung und Förderung der fremdethnischen Kulturen (z.B. durch eine "bikulturelle Erziehung", die Einrichtung von Koranschulen etc.) im Rahmen einer sogenannt "pluralen" oder "multikulturellen" Gesellschaft (ÖIR 1989: 19f).

Assimilation wird in einigen europäischen Immigrationsländern als ein Prozeß der "Kulturzerstörung" angesehen.

Gleichzeitig sollten die Bevölkerung und die Institutionen der Einwanderungsländer nicht nur dazu angehalten werden, kulturellen Pluralismus zu akzeptieren und zu tolerieren, sondern ihn darüber hinaus als Bereicherung der globalen Kultur des Landes schätzen zu lernen. Zudem verspricht man sich von der Einführung der "pluralen Gesellschaft" die Lösung aller zwischenethnischen Konflikte (Colloque 1983: Giordan 1982; Ministère du Plan et de l'Aménagement du Territoire 1982; Stern, 1.3.1990, Nr. 10, S. 44–66).

So berichtet der "Stern" in einem "kulturelle Vielfalt" emphatisch propagierenden Artikel ("Fremde machen das Leben in der Bundesrepublik bunter: Der Vielvölkerstaat", 1.3.1990, Nr.10, S. 44–66): "Für die von Einheimischen und Zugereisten gegründete Bürgerinitiative 'WIR – Internationales Zentrum in Altona' bedeutet das vielfältige Nebeneinander von Menschen aus aller Welt 'innerstädtische Kultur' schlechthin. Die WIR-Leute und ähnliche Gruppen in anderen Städten unterstützen Einwanderer dabei, in der neuen Umgebung ihre heimatlichen Lebensweisen und vor allem auch ihre Muttersprache zu erhalten. Damit wird zugleich deutschen Mitbürgern der Reichtum fremder Kulturen vermittelt. Und nie zuvor war das Interesse daran so groß wie heute."

Der Beitrag schließt mit: "Ausländer rein!"
Kurz gesagt: Integration ohne Assimilation ist die Devise.

Die Einwanderer in den hochentwickelten Ländern Europas kommen hauptsächlich entweder aus den unterentwickelten Regionen entwickelterer südeuropäischer Länder und jetzt zusätzlich aus den ehemals sozialistischen Staaten, oder aus unter- oder wenig entwickelten Ländern wie der Türkei. In beiden Fällen bedeutet dies (im ersten weniger, im zweiten mehr), daß die Einwanderer erworbene Merkmale aufweisen und mitbringen, durch die sie sich von der Bevölkerung hochentwickelter Immigrationsländer unterscheiden.

Dies gilt in noch stärkerem Maße für jene Zuwanderer, die in jüngster Zeit in zunehmender Zahl aus vielen Teilen der Dritten Welt als Asylgesuchsteller oder als illegale Einwanderer den Zugang zur hochentwickelten Welt zu erreichen versuchen. Diese Migrationsströme richten sich schon seit längerer Zeit nicht mehr ausschließlich auf die hochentwickelten Länder West- und Nordeuropas, sondern erfassen zunehmend mehr auch die traditionellen südeuropäischen Auswanderungsländer (Griechenland, Italien, Spanien und Portugal), die ihrerseits noch eine Auswanderung verzeichnen. (Menotti 1985) Nicht übersehen werden dürfen auch die Wanderungen zwischen Entwicklungsländern unterschiedlicher Entwicklungsniveaus.

Strukturelle Distanz der Immigranten

Allein als Folge der spezifischen Charakteristika der Herkunftsländer kommt es also schon zu einer erheblichen strukturellen Distanz zwischen den meisten Immigranten und der einheimischen Bevölkerung, die u.a. in einer Unterschichtung der aufnehmenden Gesellschaft und evtl. einer Ghettoisierung der Einwanderer ihren Ausdruck findet.

Somit bestehen von Anfang an – auch ohne weiteres Zutun der Einwanderungsländer – fast unvermeidliche strukturelle Barrieren gegen die Assimilation eines erheblichen – von Land zu Land unterschiedlichen (Hoffmann-Nowotny/Hondrich 1982) – Teil der Immigranten der ersten Generation; und dies bleibt so (und gilt auch für weitere Generationen), solange die strukturellen Positionen und das strukturelle Erbe der Einwanderer unverändert bleiben.

Zwischen Emigrations- und Immigrationskontexten gibt es aber nicht nur eine strukturelle, sondern auch eine kulturelle Distanz. Es stellt sich deshalb die Frage, bis zu welchem Ausmaß bestimmte kulturelle Züge einer eingewanderten ethnischen Gruppe überhaupt sowohl mit der Kultur des Immigrationslandes als auch mit seiner Struktur vereinbar sind (Krausz 1976, Korte 1982, Lebon 1983) und schließlich, wenn auch nicht letztlich, mit den kollektiven und individuellen Interessen der Immigranten.

Funktionale Assimilation scheint zur Verringerung struktureller Benachteiligung und kultureller Zurückweisung sinnvoll zu sein.

In bezug auf diese Interessen gehe ich von der naheliegenden – im vorhergehenden theoretisch gefaßten – Annahme aus, daß Menschen vornehmlich deshalb auswandern, weil sie – einfach formuliert – ihre ökonomische und soziale Situation verbessern wollen.

Betonung der kulturellen Identität

Wenn diese Annahme richtig ist – und daran besteht wohl kein Zweifel –, würde (und zwar aus der Perspektive der Einwanderer) jede Entwicklung als dysfunktional angesehen werden, die ein Hindernis auf dem Weg zu den erwähnten, die Auswanderung bestimmenden Zielen wäre. So gesehen erschiene es deshalb als funktionale Notwendigkeit, daß sich die Einwanderer (wenigstens funktional) assimilieren. Gerade weil Einwanderer häufig strukturell benachteiligt und kulturell zurückgewiesen werden, kommt es als Reaktion darauf zu einer ausdrücklichen Betonung oder Wiederbelebung ihrer kulturellen Identität (die Re-Islamisierung von Nordafrikanern oder Türken ist ein in Europa sichtbarer Ausdruck dieser Tendenz). Mit anderen Worten: Die kulturelle Distanz zwischen Einheimischen und Fremden wird nach der Einwanderung häufig noch größer oder kann jedenfalls noch zunehmen.

"Kulturelle Distanz" ist allerdings eine nicht unproblematische Variable. Während "strukturelle Distanz" exakt gemessen werden kann (z.B. als Einkommens-, als Bildungs-, als Berufskompetenz- oder Urbanisierungsdifferenz usw.) und zudem dem weltweiten Konsens unterliegt, verringert werden zu müssen (ein Indikator dafür ist der weltweite Ruf nach Abbau von "Unterentwicklung", d.h. Verringerung von struktureller Distanz), kann dergleichen in bezug auf die kulturelle Distanz nicht gesagt werden. "Kultur" gilt anscheinend als ein soziales Element, das immanent zu betrachten ist, das aber nicht bewertend mit anderen Kulturen verglichen werden darf, wie es beispielsweise geschah, als bestimmte Kulturen als "primitiv" etikettiert wurden. Obwohl es einerseits keinen Zweifel daran gibt, daß Kulturen in bezug auf eine große Zahl von Dimensionen verglichen werden können (z.B. hinsichtlich des Grades der Komplexität oder Differenziertheit; der Stabilität oder der Geschwindigkeit des Wandels; der Inhalte von Werten oder der Bandbreite von Normen etc.) scheint es in der Tat problematisch zu sein, auf Kulturen Abstufungen wie "mehr" oder "weniger entwickelt" anzuwenden, wie wir dies in strukturellen Vergleichen vorbehaltslos tun. Andererseits besteht kein Zweifel daran, wenigstens seit Webers Essay über "Die protestantische Ethik und den Geist des Kapitalismus", daß kulturelle Elemente eine entscheidende Rolle spielen für strukturelle Entwicklungen (und umgekehrt).

Integration ohne Assimilation (also Integration von Minderheiten, die gleichzeitig in kultureller Distanz zur Mehrheit verbleiben) ist eine ideologische Vorstellung, deren faktische Konsequenzen zu bedenken sind.

"Gesinnungsethik" und "Verantwortungsethik"

Es erscheint sinnvoll, in diesem Zusammenhang auf die von Max Weber in seiner berühmten Schrift "Der Beruf zur Politik" (1956 {1919}, S. 174f.) dargestellte Spannung zwischen "Gesinnungsethik" und "Verantwortungsethik" zu rekursieren: "Wir müssen uns klarmachen, daß alles ethisch orientierte Handeln unter zwei voneinander grundverschiedenen, unaustragbar gegensätzlichen Maximen stehen kann: Es kann 'gesinnungsethisch' oder 'verantwortungsethisch' orientiert sein. Nicht daß Gesinnungsethik mit Verantwortungslosigkeit und Verantwortungsethik mit Gesinnungslosigkeit identisch wäre. (. . .) Aber es ist ein abgrundtiefer Gegensatz, ob man unter der gesinnungsethischen Maxime handelt – religiös geredet –: 'Der Christ tut recht und stellt den Erfolg Gott anheim', oder unter der verantwortungsethischen: daß man für die (voraussehbaren) Folgen seines Handelns aufzukommen hat."

Politik im Sinne des Einwanderers sollte durch Förderung von Integration und Assimilation geprägt sein.

"Gesinnungsethiker", die die oben kurz angedeuteten Konsequenzen eines Verzichts auf Assimilation nicht sehen wollen oder können (oder gar die Situation der Immigranten gleichsam als Wasser auf ihre Mühlen leiten möchten) mögen vielleicht nicht daran interessiert sein, das durch die Einwanderung entstehende Minderheitenproblem (und zusätzlich das Klassenproblem) durch Integration und Assimilation zu "lösen".

"Verantwortungsethiker" jedenfalls (und das sollten Politiker ja sein), die im Interesse der Einwanderer (und generell unter Absehung der Folgen ihres Tuns) handeln möchten, müssen wohl kurz- und mittelfristig für die Beseitigung von Hindernissen auf dem Weg zu Integration und Assimilation eintreten, wenn sie sich von den Auswanderungsmotiven der Immigranten leiten lassen (Sen 1989). "Verantwortungsethiker" würden es also vorziehen, die Immigranten nicht auf die Verwirklichung des Utopia der toleranten und diskriminationsfreien multikulturellen Gesellschaft warten lassen zu wollen.

Bei der Verwirklichung der Idee der multikulturellen Gesellschaft wäre man mit mancherlei Problemen konfrontiert, die ich mit Bezug auf drei soziale Teilsysteme – die Politik, die Ökonomie und die Gemeinschaft – ansprechen möchte.

Probleme der Multikulturalität

Mit Blick auf das politische System hätte man sich zu fragen, in welchem Ausmaß die einheimische Bevölkerung der europäischen Immigrationsländer willens wäre (oder in eine entsprechende Richtung beeinflußt werden könnte), eine abweichende politische Kultur zu tolerieren, besonders wenn diese von Ausländern vertreten würde. Könnten und würden – so wäre z.B. konkret zu fragen – die europäischen Länder in bezug auf die Stellung der Frau zwei parallele Rechtssysteme tolerieren: eines, das den (einheimischen) Frauen in jeder Hinsicht gleiche Rechte gewährt, und ein anderes, das die Türkinnen und Nordafrikanerinnen dem Recht der muslimischen Tradition unterwirft, damit konservative Muslimgruppen ihre Kultur aufrechterhalten können?

Kulturelle Toleranz – wie stünde es aber, wenn Immigranten ein Recht auf eine abweichende Arbeitskultur forderten?

Im ökonomischen System gibt es Toleranz für den Bereich ethnischer Restaurants, ethnischer Läden und ähnliches. Wie stünde es aber, wenn Immigranten ein Recht auf eine abweichende Arbeitskultur forderten?

Was schließlich Gemeinschaft angeht, so muß gesagt werden, daß sie auf der Ähnlichkeit ihrer Mitglieder gründet und somit, ihrer Natur gemäß, große Abweichungen nicht tolerieren kann. In welchem Ausmaß solche Ähnlichkeiten abstrakter gemacht werden könnten, um unversöhnliche Eigenheiten doch noch zu versöhnen, bleibt eine offene Frage.

Die historische wie die aktuelle Erfahrung bestätigt, daß die Existenz kultureller Heterogenität offenbar notwendigerweise eine strukturelle Segregation nach sich zieht und umgekehrt. Wer die multikulturelle Gesellschaft propagiert, muß dies zur Kenntnis nehmen.

Die Übernahme der Vorstellung eines kulturellen Pluralismus und seine aktive Förderung würde letztlich bedeuten, daß in bezug auf die europäischen Immigrationsländer offene Gesellschaften zu geschlossenen werden müßten. Sie müßten refeudalisiert werden, "polyethnisch laminiert", wie William McNeill es einmal nannte, und zwar auf Kosten der Immigranten. Diese aber verließen doch offenbar u.a. gerade deshalb ihr Land, weil sie den Einschränkungen einer geschlossenen Gesellschaft entfliehen wollten. Eine Kulturpolitik, die auf die Erhaltung kultureller Heterogenität zielt, wird somit soziale Ungleichheit definitiv festschreiben.

Chancengleichheit als politisches Ziel

Eine Strukturpolitik würde im Gegensatz dazu in Richtung auf gleiche Chancen der Teilhabe an Gütern und Werten der Immigrationsländer für alle ihre Mitglieder führen. Sie könnte allerdings nicht die Erhaltung der kulturellen Identität der ausländischen ethnischen Gruppen garantieren, wenn unter dem Begriff "Kultur" mehr verstanden werden soll als bloße Folklore.

Eine Kulturpolitik, die auf die Erhaltung kultureller Heterogenität zielt, wird somit soziale Ungleichheit definitiv festschreiben.

Das Ergebnis einer Strukturpolitik wird keine harmonische Gesellschaft sein, die frei von Spannungen und sozialen Problemen ist, wie es die Verteidiger der erwähnten Kulturpolitik von ihrer Strategie erwarten, wenn sie "la présence des communautés culturelles différentes . . . comme un moyen de renforcer l'unité nationale et d'aider la société à sortir de la crise qu'elle traverse" ansehen (Colloque S. 1).

Wenn es dagegen geschichtlich wahr ist, daß stabile geschlossene Gesellschaften weniger soziale Spannung erzeugen und erfahren als offene Gesellschaften, mögen diese Verteidiger des kulturellen Pluralismus indes vielleicht sogar im Recht sein. Das eben Gesagte gilt im wesentlichen für Einwanderer, die als fremdethnische Gruppen im engeren Sinne des Wortes in die westeuropäischen Länder kommen. Deren Anteil an den Einwanderern wird nach dem Gesagten aller Wahrscheinlichkeit zunehmen und sie sind nur die Spitze des sprichwörtlichen Eisberges.

Wer mit Migration, daraus resultierendem Bevölkerungswachstum und den mit beidem verbundenen Fragen der Stadtentwicklung im weitesten Sinne befaßt ist, muß sich den im vorhergehenden skizzierten Problemen stellen. Und ich habe den Problemkreis hier – mein Thema vielleicht überschreitend – bewußt ausgeweitet und zur Sprache gebracht, weil es fatal sein könnte, die skizzierte Entwicklung der weltweiten, kontinentübergreifenden Migration und ihrer möglichen Folgen angesichts des Zerbrechens des "Eisernen Vorhangs" außer acht zu lassen.

Die Migration, deretwegen diese Arbeitstagung stattfindet, kann und wird "bewältigt" werden. Bei aller großen strukturellen Distanz der "neuen" europäischen Auswanderungsländer zu den Einwanderungsländern ist die strukturelle Distanz auf der Ebene der Individuen gering, und das gleiche gilt in noch stärkerem Maße für die kulturelle Distanz – und für Österreich noch mehr als für andere Einwanderungsländer. Mit anderen Worten: Sowohl der Integration als auch der Assimilation der "neuen" Zuwanderer stehen keine Hindernisse entgegen, die als unüberwindlich oder kaum überwindlich bezeichnet werden müßten. Dies gilt jedenfalls im Vergleich zu den Problemen der Migration, mit denen uns die Tatsache gewordene "eine Welt" konfrontiert.

Hans-Joachim Hoffmann-Nowotny, Dr.phil.,
Professor für Soziologie an der Universität Zürich.
Arbeitsschwerpunkte:
Allgemeine soziologische Theorie;
sozialer und kultureller Wandel;
Soziologie der Familie, der Frau und der Geschlechtsrollen;
Soziale Indikatoren;
Migration, Minderheiten, Einwanderungspolitik.

Entwicklung der Weltbevölkerung	1990	5,25	Milliarden
	2001	6,00	Milliarden
	2045	8,00	Milliarden
Entwicklung der städtischen Bevölkerung	1950	600	Millionen
	1986	2	Milliarden
	2010	3,62	Milliarden
Einwohnerzahlen in Städten der Dritten Welt im Jahr 2000	Mexico-City	26,3	Millionen
	Sao Paulo	24,0	Millionen
	Bombay	16,0	Millionen
	New Delhi	13,3	Millionen
	Kairo	13,2	Millionen
	Jakarta	12,8	Millionen
	Lagos	8,3	Millionen
	Nairobi	5,3	Millionen
Anteil der Bewohner von Elendsvierteln an der Bevölkerung von Städten der Driten Welt	Addis-Abeba	90	Prozent
	Mexico-City	60	Prozent
	Lusaka	50	Prozent
	Manila	30	Prozent

Quelle
Berechnungen
der Vereinten
Nationen

Colloque, 1983
"Diversité culturelle, Societé Industrielle, État National",
Communication Finale, Créteil, 9.–11. Mai.

Giordan, Henri, 1982
Démocratie culturelle et droit à la différence,
La Documentation Francaise: Paris.

Faruk, Sen, 1989
Probleme und Eingliederungsengpässe der türkischen Migranten in der Bundesrepublik Deutschland, Working Paper,
International Labour Office: Geneva.

Hammar, Tomas (Hrsg.), 1985
European immigration policy. A comparative Study,
Cambridge University Press: Cambridge.

Heintz, Peter, 1982
Die Weltgesellschaft im Spiegel von Ereignissen, Rüegger: Diessenhofen

Hoffmann-Nowotny, Hans-Joachim, 1973
Soziologie des Fremdarbeiterproblems – Eine theoretische und empirische Analyse
am Beispiel der Schweiz, Enke: Stuttgart.

Hoffmann-Nowotny, Hans-Joachim, 1974
Rassische, ethnische und soziale Minderheiten als Zukunftsproblem internationaler Integrationsbestrebungen, in: Ruprecht Kurzrock (Hrsg.), Minderheiten, Colloquium Verlag: Berlin, S. 175–189.

Hoffmann-Nowotny, Hans-Joachim, 1978
European Migration after World War II, in: William McNeill and Ruth S. Adams (ed.): Human Migration - Patterns and Policies,
Indiana University Press, Bloomington/London: S. 85–105.

Hoffmann-Nowotny, Hans-Joachim/Karl Otto Hondrich (Hrsg.) 1982
Ausländer in der Bundesrepublik Deutschland und der Schweiz – Segregation und Integration: Eine vergleichende Untersuchung,
Campus: Frankfurt/New York.

Hoffmann-Nowotny, Hans-Joachim, 1988
Weltbevölkerungswachstum und internationale Migration,
Österreichische Zeitschrift für Soziologie, 13. Jahrg., 3, S. 4–15.

Korte, Hermann (coordinator), 1982
Cultural Identity and Structural Marginalization of Migrant Workers,
European Science Foundation: Strasbourg.

Krausz, Ernest, 1976
"Ethnic Pluralism and Structural Dissonance", Plural Societies, 7, 2, S. 71–83.

Lebon, André, 1983
"Maintien des Liens culturels et Insertion des Migrants: Quelles Relations?" Revue Francaise des Affaires Sociales, 37, 2, S. 89–114.

Lohrmann, R., 1987
Irregular Migration: A Rising Issue in Developing Countries, International Migration, XXV, 3, S. 253–266.

Ministère du Plan et de l'Aménagement du Territoire. Commissariat Général du Plan, 1982
L'impératif culturel, La Documentation Francaise, Paris.

Melotti, Umberto et al, 1985
La nuova immigrazione a Milano, Mazzotta: Milano.

ÖIR (Österreichisches Institut für Raumplanung), 1989
Aktionen zur Integration von Ausländern, Bearbeiter: K. Cserjan u. A. Laburda, im Auftrag des Magistrats der Stadt Wien.

Weber, Max, 1956
Der Beruf zur Politik, in: Max Weber, Soziologie, Weltgeschichtliche Analysen, Politik, Herausg. von Johannes Winckelmann, 2. Auflage, Alfred Kröner: Stuttgart: S. 167–185.

Werner, Heinz, 1986
Post-War Labour Migration in Western Europe – An Overview, International Migration, vol. XXV, 2, S. 211–219.

Wien 2010
Stadtentwicklung bei Bevölkerungswachstum und offenen Grenzen, IWS, KDZ, IFES: Bericht im Auftrag der Stadt Wien, Magistratsabteilung 18.

Zuwanderung in der Spätzeit der Monarchie

Wien als Schmelztiegel

Wiener Melange, Böhmische Dalken

Die Wiener von heute

Zuwanderungspolitik als Lebensfrage der Donaumetropole

Multikulturalität
Plädoyer für eine Wiener Zuwanderungspolitik jenseits von Eintopf und Schmelztiegel

Rainer Münz, Heinz Faßmann

Großstädte leben von ihrer Attraktivität. Dies gilt im metaphorischen Sinn, aber auch ganz wörtlich. Denn die urbanen Zentren waren und sind auf Zuwanderung angewiesen. Und diese Zuwanderung erfolgt in der Regel nicht nur aus dem jeweiligen Umland, sondern auch aus fremden Sprach- und Kulturräumen. Für das System "Großstadt" ist diese Form der Zuwanderung aus demographischen Gründen notwendig. Darüber hinaus trägt sie zur kulturellen und ökonomischen Vitalität einer Metropole bei. Daher stellt sich die Frage nach der multikulturellen Gesellschaft konkreter: nach der multikulturellen Großstadt: und zwar jenseits aller modischen Facetten, die dieser Begriff zur Zeit in Westeuropa hat.

Für die Zeit vor der Entstehung ethnischer Nationen macht der Begriff "multikulturelle Stadt" weniger Sinn als heute. Auch Rom, Byzanz und sogar Carnuntum waren multikulturelle Stadtgesellschaften. Aber sie standen in keinem klaren Gegensatz zu irgendwelchen ethnisch homogenen Landesteilen. Diese Polarität gibt es erst in modernen Nationalstaaten. Deren Metropolen wuchsen und wachsen alle auf Kosten der politischen wie ökonomischen Peripherie. Nach London kamen Waliser, Schotten, Iren, später auch Einwohner ehemaliger britischer Übersee-Kolonien. Berlin war bis zum Zweiten Weltkrieg Anziehungspunkt für Pommern, Schlesier, Polen. Auch nach Wien zog es im 19. Jahrhundert Menschen aus allen Teilen der Monarchie und aus dem Ausland. Die Stadt "explodierte". Um 1790 hatte sie samt Vorstädten 200.000 Einwohner. Um 1860 lebten hier knapp 500.000 Einwohner, um 1900 bereits mehr als 2 Millionen. In Spitzenjahren kamen damals bis zu 30.000 Neu-Bürger hinzu; im Durchschnitt immerhin 15.000 pro Jahr. Daran gemessen war Wien die bei weitem attraktivste Stadt der österreichischen Reichshälfte.

Zuwanderung in der Spätzeit der Monarchie

Um 1900 waren die "echten Wiener" in der Minderheit.

Die Zuwanderung veränderte Sozialstruktur und Herkunft der Wiener Bevölkerung. Um 1900 waren die "echten Wiener" in der Minderheit: Nur 45 Prozent ihrer Bewohner waren in der Hauptstadt des Reiches auch zur Welt gekommen. Jeder vierte Wiener (25%) kam damals aus Böhmen oder Mähren, mehr als jeder Zehnte (11%) entstammte dem niederösterreichischen Umland. Fast ein Zehntel der Wiener Bevölkerung war aus dem europäischen Ausland, vor allem aus Ungarn, Deutschland oder Italien, zugezogen. Zum Vergleich: Heute liegt der Anteil der Ausländer in Wien bei etwa 15 Prozent. Eher bescheiden war um 1900 der Zuzug aus den deutschsprachigen Alpenländern der Monarchie. Den südlichen und westlichen Kronländern (heute Bundesländern) entstammten zur Jahrhundertwende nicht einmal 4 Prozent der Wiener Bevölkerung.

Die meisten Zuwanderer waren jung, zwischen 15 und 35 Jahren alt. Aus dem niederösterreichischen Umland, aus Südböhmen und Südmähren, kamen überdurchschnittlich viele Frauen in die Stadt. Sie gingen häufig beim eingesessenen Adel und Bürgertum, bei Beamten, Gewerbetreibenden und Neureichen als Hausgehilfinnen, Köchinnen oder Kindermädchen "in Dienst". Bei den Zuwanderern aus dem Norden überwogen die arbeitsfähigen Männer: Taglöhner, wenig qualifizierte Arbeiter, Handwerker, kleine Gewerbetreibende. Ein Großteil dieser Zuwanderer war ledig. Aus den entfernteren Teilen der Monarchie und dem angrenzenden Ausland kamen sowohl Arbeiter, Taglöhner und späteres Hauspersonal als auch Zuwanderer bürgerlicher oder kleinadeliger Herkunft, letztere meist mit der ganzen Familie, bisweilen auch mit Gesinde und Hausangestellten.

Wien als Schmelztiegel

Aus der Masse der Zuwanderer rekrutierten sich neue Kultur- und Bildungseliten, aber noch stärker neue soziale Unterschichten der Großstadt Wien. Ethnische und soziale Konflikte waren die Folge. Vor allem an den ostjüdischen Immigranten machte sich der zuvor schon latent vorhandene Antisemitismus fest. Zuwanderer aus Böhmen und Mähren waren mit antislawischen Ressentiments konfrontiert, die sich durch Nationalitätenkonflikte in anderen Teilen der österreichischen Reichshälfte zusätzlich aufluden. Die deutschnational Gesinnten revanchierten sich für vermeintliche und tatsächliche Terrainverluste in Böhmen und Mähren.

Das Wien der Jahrhundertwende war das faszinierende, kulturell kreative Zentrum eines damals schon halbierten und zerfallenden Vielvölkerstaates.

Das Wien der Jahrhundertwende war das faszinierende, kulturell kreative Zentrum eines damals schon halbierten und zerfallenden Vielvölkerstaates. Die Stadt versammelte auch ein politisch explosives Gemisch von Tendenzen, Wahnvorstellungen und Ressentiments. Die starke Zuwanderung von Menschen unterschiedlicher ethnischer und kultureller Herkunft hatte sie in einen Mikrokosmos Mitteleuropas verwandelt. Wien wurde zu einem Laboratorium der Moderne, zu einer Entbindungsstation unseres 20. Jahrhunderts. Psychoanalyse und logischer Positivismus hatten hier genauso ihre Wurzeln wie Zionismus und politischer Antisemitismus.

Die jüdischen Bewohner Wiens haben die Spätfolgen dessen, was damals als völkische Ideologie und politischer Antisemitismus von Wien seinen Ausgang nahm, als Gruppe und oft auch als Individuen nicht überlebt. Selbst jene, die sich völlig assimilierten, wurden verfolgt. Die slawischen Emigranten zahlten für ihr Überleben ebenfalls einen hohen Preis. Sie büßten ihre ethnische Identität fast vollständig ein. Von Volkszählung zu Volkszählung gab es weniger Wiener, die sich zu ihrer tschechischen, polnischen oder kroatischen Muttersprache bekannten. Trotz multiethnischer Herkunft ihrer Einwohner war Wien daher seit den vierziger Jahren keine multikulturelle Stadt mehr.

Wiener Melange, Böhmische Dalken

Was von der Zuwanderung des 19. und frühen 20. Jahrhunderts blieb, sind in erster Linie Spuren in der Wiener Küche: Palatschinken und Böhmische Dalken, Szegediner Gulyas und Krautrouladen, Debreziner, Powidl und Knödel aller Art. Sie verraten allerdings mehr über die Herkunft der Köchinnen von einst als über die der Eliten, für die gekocht wurde.

Größere ethnische Minderheiten hat uns die Monarchie hingegen nicht hinterlassen. Die Kinder und Enkel der Zuwanderer sind voll integriert, deutschsprachig und meist auch bewußte Österreicher. Von ihrer Herkunft kündet nur noch der Familienname: beim SP-Bürgermeister und seinen vier Amtsvorgängern wie bei der Vizebürgermeisterin, dem Planungsstadtrat und der Kulturstadträtin, aber auch beim derzeitigen Wiener VP-Oppositionsführer und seinem Vorgänger. Gleiches gilt für den Bundeskanzler, den Finanzminister, den Innenminister, den Wissenschaftsminister, den Verteidigungsminister, die Unterrichtsministerin, für die Frauenstaatssekretärin, den ÖGB-Präsidenten (und seine beiden Vorgänger), für den (allerdings erst in jüngerer Zeit zugewanderten) ÖVP-Generalsekretär und die beiden SPÖ-Zentralsekretäre (darunter ebenfalls ein Neo-Wiener).

Nur der Vater des amtierenden Bundespräsidenten verwischte seine böhmische Herkunft durch schlichte Germanisierung des Nachnamens. Andere haben nur ein Hatschek, ein stimmhaftes V oder die ganze tschechische, ungarische bzw. kroatische Schreibweise ihres Namens eingebüßt.

Wer nach der nächsten Rücktrittswelle, Regierungsumbildung oder Gemeinderatswahl nicht mehr ahnt, von welcher Melange hier die Rede war, wird wohl oder übel einen ausrangierten Amtskalender zu Rate ziehen müssen; oder selbst eine neue Liste erstellen. An der Tendenz wird sich nicht viel ändern: Die Wiener Landes- und die österreichische Bundespolitik werden wohl auf absehbare Zeit fest in der Hand der Nachfahren von Zuwanderern bleiben.

Die Wiener von heute

Erst seit den fünfziger Jahren sind die "Eingeborenen" in Wien zahlenmäßig wieder in der Mehrheit. Aber auch heute sind immerhin fast vier von zehn Einwohnern (37%) zugezogen; davon rund 310.000 aus anderen Bundesländern und mehr als 280.000 aus dem Ausland. Dazu kommt eine unbekannte Zahl nicht gemeldeter Zuwanderer und vorübergehend arbeitsuchender Ausländer: 50.000 Personen gelten als Untergrenze. Die Wiener Polizei rechnet sogar mit 90.000 Personen. Darunter befindet sich jedoch eine größere Anzahl von Personen, die nicht auf Dauer zuwandern wollen, sondern nur vorübergehend Arbeit suchen. Auf jeden Fall liegt der Ausländer-Anteil in Wien derzeit bei zirka 15 Prozent.

Erst seit den fünfziger Jahren sind die "Eingeborenen" in Wien zahlenmäßig wieder in der Mehrheit.

Ende der achtziger Jahre kam ein Siebentel aller Wiener aus Niederösterreich (13%) und mehr als 3 Prozent aus dem Burgenland. Der Anteil der übrigen Bundesländer an der Wiener Bevölkerung ist mit 4 Prozent genauso niedrig wie um 1900. Bis heute gibt es in Wien weniger Zuwanderer aus dem Süden und Westen Österreichs als Menschen, die auf dem Gebiet der heutigen Tschechoslowakei oder Polens zur Welt gekommen sind; darunter noch Einwanderer aus der Zeit vor 1918, Sudeten-, Volksdeutsche und "displaced persons" (1945/46) sowie Flüchtlinge aus den Jahren 1968/69, 1980/81 und aus jüngster Zeit. Überraschend klein ist im Vergleich dazu die Zahl der Zuwanderer aus Jugoslawien und der Türkei (7%). Die meisten Wienerinnen und Wiener würden auf zwei- bis dreimal so viele Türken, Südslawen und Kosovo-Albaner in ihrer Stadt tippen, als sich hier tatsächlich aufhalten. Die meisten dieser Ausländer/-innen sind in den späten sechziger und siebziger Jahren als Arbeitsmigranten zugewandert oder als Familienangehörige später nachgezogen. Sie haben ähnliche Perspektiven wie die Zuwanderer der Jahrhundertwende. Einige werden früher oder später in ihre Herkunftsländer zurückkehren. Die Mehrzahl wird dableiben und das Erscheinungsbild der Stadt mitprägen, ohne ihren Charakter grundlegend zu verändern.

Die aus dem Inland zugewanderten Einwohner Wiens sind fast ausschließlich über 20 Jahre alt. Sie kommen zum Studium, übersiedeln wegen des attraktiveren Arbeitsmarktes oder heiraten nach Wien. Im Gegensatz dazu gibt es ausländische Zuwanderer aller Altersstufen: Flüchtlinge aus der Zeit von 1945 bis heute, "traditionelle" Gastarbeiter aus Jugoslawien und der Türkei samt Familienanhang sowie "sonstige" Ausländer.

Die Mehrzahl der Arbeitsmigranten wird in Wien bleiben, ohne den Charakter der Stadt grundlegend zu verändern.

Jugoslawen und Türken in Wien leben heute mehrheitlich mit Familien, sind im Durchschnitt über 10 Jahre im Land und stellen eine neue Unterschicht dar. Fast 80 Prozent sind Hilfsarbeiter oder angelernte Arbeiter. Im Gegensatz dazu finden wir unter den "sonstigen" erwachsenen Ausländern und Eingebürgerten relativ viele Singles (25%), zugleich aber auch überdurchschnittlich viele höhere Angestellte (15%). Die Palette reicht von ägyptischen Zeitungskolporteuren über Südtiroler Studenten bis zu westdeutschen Konzerndirektoren und UN-Spitzenbeamten aus Übersee. Gute Chancen, bei uns Fuß zu fassen, hätten im Prinzip auch die Asylwerber und Zuwanderungswilligen der jüngsten Zeit. Sie sind zumeist jung, arbeitswillig, aufstiegsorientiert und im Durchschnitt besser ausgebildet als die Bewohner ihres Herkunftslandes. Dennoch stehen sie bei vielen im Verdacht, es sich besonders leicht machen zu wollen. Gegen die neuen Zuwanderer sähe ein Teil unserer Bevölkerung und der Boulevardpresse am liebsten einen neuen Eisernen Vorhang errichtet.

Zuwanderungspolitik als Lebensfrage der Donaumetropole

Der Blick in die Statistik macht klar: In Wien gibt es deutlich weniger Geburten als Sterbefälle. Selbst bei leicht steigenden Kinderzahlen bleibt Wien auf Zuwanderung angewiesen, wenn es Millionenstadt bleiben will. Das spricht für eine vorausschauende Zuwanderungspolitik. Nötig sind zuwanderungspolitische Konzepte allerdings auch aufgrund der geographischen und geopolitischen Lage Wiens. Für die Menschen Mittel- und Osteuropas wird Wien (neben Berlin) auch in Zukunft Tor zum

Westen bleiben. Je mehr sich die heutigen EG-Staaten gegenüber der östlichen Hälfte Europas abschotten, umso mehr ist Wien zugleich Endstation auf dem Weg in den Westen.

Zu rechnen ist jedenfalls mit einem anhaltenden Migrationsdruck. Dafür sprechen niedrige Löhne, schlechte Versorgungslage und steigende Arbeitslosigkeit in unseren östlichen Nachbarstaaten. Dafür sprechen aber auch die sich verschärfenden Nationalitätenkonflikte und nationalen Emanzipationsbewegungen vom Baltikum bis Slowenien und Kosovo.

Das heißt konkret: Ein Teil der Zuwanderung nach Wien wird – wie schon in den letzten 150 Jahren – aus dem nichtdeutschsprachigen Raum kommen.

Wie schon um 1900 wird sich der multikulturelle und multinationale Charakter Wiens wieder verstärken.

Wie schon um 1900 wird sich dadurch der multikulturelle und multinationale Charakter Wiens wieder verstärken. Polnische Baubrigaden, eine wachsende Kolonie orientalischer Juden aus der Sowjetunion, Naschmarkthändler vom Balkan und die bereits sprichwörtlichen jugoslawischen Hausmeisterinnen sind deutliche Indizien für diese Entwicklung. Mehr noch: Zuwanderung wird künftig keine Ausnahmeerscheinung sein, sondern der Regelfall.

Die Frage, ob wir das wollen, ist falsch gestellt. Denn wir werden uns weder gegenüber den Reformländern Ost-Mitteleuropas noch gegenüber möglichen neuen Flüchtlingsströmen (z.B. aus dem Baltikum oder dem Kosovo) völlig abschotten können. Wir müssen uns daher die Frage stellen, wie wir mit grenzüberschreitender Zuwanderung als gegenwärtigem und zukünftigem Normalfall umgehen wollen. Die Antwort der Vergangenheit hieß Assimilation der Slawen, Vertreibung und Vernichtung der Juden. Die Alternative dazu wäre eine multikulturelle Stadtgesellschaft, die das kulturelle und sprachliche Potential der Zugewanderten nicht einebnet oder bloß aufsaugt, sondern zu einem ihrer Bestandteile macht.

Dabei geht es nicht um die Pflege exotischer Folklore und Gastronomie. Die Kultur der Zuwanderer müßte vielmehr ein dynamisches Element der Stadt bilden und sich im urbanen Raum weiterentwickeln können. Ein Teil der Zuwanderer würde so zu privilegierten Interpreten und Mittlern zwischen ihrer eigenen Herkunft und der Mehrheitskultur des Zuwanderungslandes. Solche ethnischen Grenzgänger entscheiden über Vitalität und Zukunft moderner Dienstleistungszentren.

Die Voraussetzungen dafür lassen sich benennen: politische Partizipation und kulturelle Autonomie samt Maßnahmen gegen die wirtschaftliche und soziale Marginalisierung der Zugewanderten; intensive Deutschkurse für die Ersteinwanderer oder Förderung der Herkunftssprachen bei der zweiten und dritten Generation; schließlich das bewußte Zulassen von "Mehrfachloyalitäten". All das ist keineswegs einfach, denn Vielfalt und kosmopolitische Gesinnung, Toleranz statt Fremdenfeindlichkeit und Urbanität statt "Eintopf" lassen sich nicht verordnen. Sie müssen gelebt werden. Und sie müssen öffentlich vertreten werden.

Politische Partizipation, kulturelle Autonomie und wirtschaftliche Chancengleichheit statt Assimilation und Marginalisierung.

Wir alle wissen, was gegen eine Parteinahme für mehr ethnisch-kulturelle Vielfalt im Osten Österreichs spricht: der Herr Karl in uns, die Sitzblockaden vor den Flüchtlingslagern, der Tenor der Leserbriefe an heimische Zeitungen und die Rücksicht auf den nächsten Wahltermin. Eines aber sollten wir dabei bedenken. Millionenstadt kann Wien auch mit vollständig assimilierten Zuwanderern bleiben. Zur europäischen Metropole aber wird Wien erst durch die Vielfalt seiner Bürger.

Dieses Referat wurde auf der Tagung
von Rainer Münz gehalten

Heinz Faßmann, Dr.phil.,
seit 1981 an der Österreichischen Akademie der Wissenschaften.
Lehrtätigkeit an der Universität Wien.
Publikationen
zu Fragen der Ausländerbeschäftigung,
der Migration und der Stadtentwicklung.

Rainer Münz, Dr.phil., Univ.-Doz.,
Leiter des Instituts für Demographie
(Österreichische Akademie der Wissenschaften).
Publikationen
zu Fragen der Bevölkerungsentwicklung,
Familien- und Sozialpolitik
sowie zu Sprachgruppen- und Minderheitenfragen.

Zuwanderung nach Wien 1890

Ortsanwesende Bevölkerung nach der Heimatberechtigung

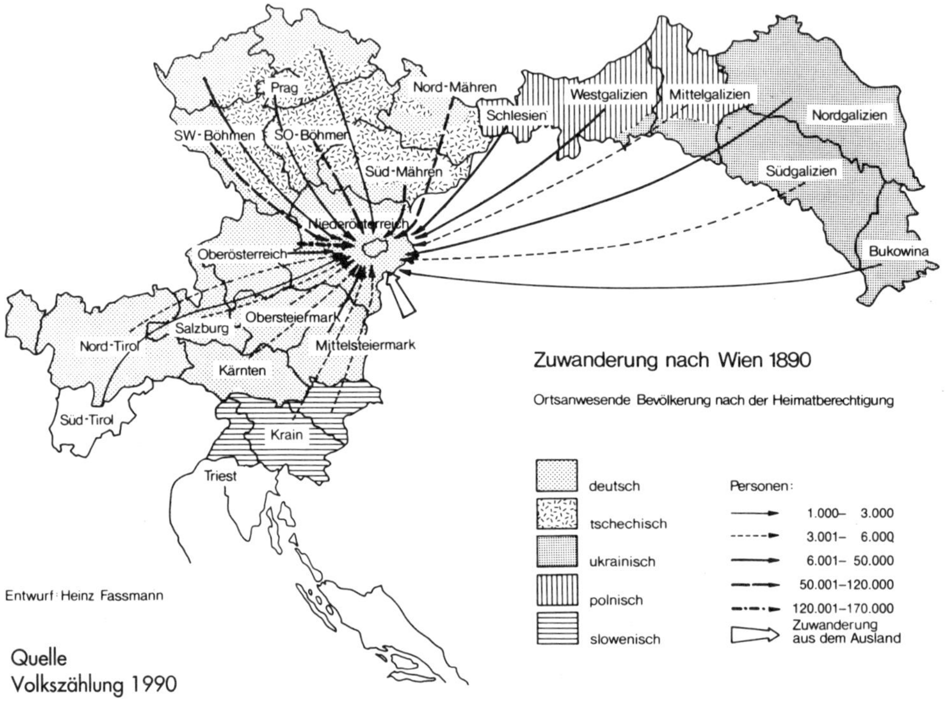

Quelle
Volkszählung 1990

Zuwanderungszeitpunkt der im Ausland geborenen Wienerinnen und Wiener

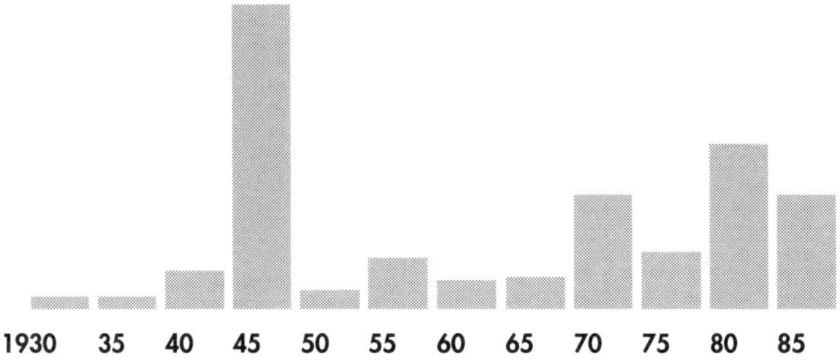

Quelle
Mikrozensus
2/1988

Altersaufbau der in Wien geborenen und der nach Wien zugewanderten Bevölkerung 1988
in Promille

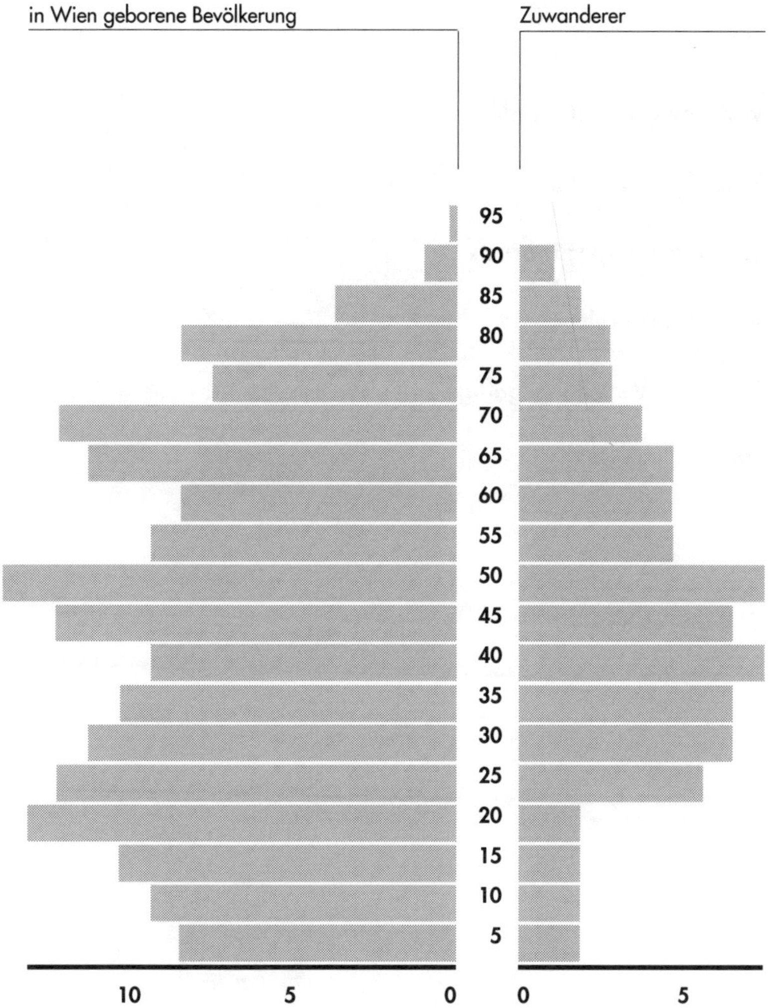

10 Promille entsprechen 683 Personen

Quelle Mikrozensus 2/1988

Wettbewerbspotentiale

Produktivitätsfalle

Beschäftigungsstandards

Arbeitslosigkeit

Risse im Verteilungsgefüge

Neue Kontexte

Ökonomische Mobilität – Chancen und Risiken erhöhter Migration für Wiens Wirtschaft

Michael Wagner

Die erhöhte Mobilität von Gütern und Dienstleistungen, von menschlicher Arbeitskraft und von Kapital unter der Neuordnung der politischen und ökonomischen Integration Europas enthält für Wien (und die gesamte Ostregion Österreichs) spezifische Chancen. Diese liegen vor allem darin, die Neupositionierung Wiens innerhalb der ökonomischen Architektur Europas zu nutzen; ein ehemaliger Randbereich ist nun zu einer Kernzone (wenn auch nicht von dominierender Bedeutung) geworden.

Eine solche Veränderung lenkt ein breites internationales Interesse auf das Städtedreieck Wien – Bratislava – Budapest, das von seinem Beschäftigungs- und Arbeitsmarktpotential als Hoffnungsgebiet ertragreicher Investitionen gelten kann. Dazu trägt insbesondere das (auf geographisch engem Raum wirksame) starke Gefälle hinsichtlich der institutionellen Rahmenbedingungen des technisch-kommerziellen Know-Hows, der Lohn- und Kapitalkosten bei; denn diese markanten Unterschiede in den Faktorpreisen, der Faktorproduktivität und den lokalen Marktbedingungen erlauben spezifische Kosten-Erlös-Kombinationen, die beachtliche Erträge versprechen.

Wien kann innerhalb des Städtedreiecks seinen Vorsprung hinsichtlich des Reifegrades seiner institutionell-administrativen Rahmenbedingungen, seiner hohen Integration in den europäischen OECD-Raum und der Qualifikation seiner Erwerbstätigen nutzen, um eine Konzentration von wertschöpfungsintensiven Dienstleistungen und spezialisierter gewerblich-industrieller Produktion einzurichten.

In diesem Kontext spielt Migration eine doppelte Rolle. Der Zuzug von Erwerbstätigen in leitender unselbständiger Tätigkeit oder in freiberuflichen Arbeitsgebieten trägt dazu bei, daß Wien zu einem festen Knoten innerhalb des internationalen Netzwerkes wirtschaftlicher Aktivitäten anwächst; denn Handels- und Kooperationsbeziehungen erfolgen nicht auf anonymen Märkten sondern auf der Grundlage persönlicher Kontakte. Je breiter sich solche Beziehungen über Migranten bester Referenz und etablierter Stellung in ihrem "Ausgangsort" herstellen lassen, desto stärker können sich die Innovationsimpulse durch erhöhte Marktintegration entfalten.

Ein wichtiger Impuls zu erhöhter Innovationstätigkeit entspringt dem erhöhten Wettbewerbsdruck.

Wettbewerbspotentiale

Das Netzwerkkonzept gilt im Prinzip für Migranten jeder Qualifikationsstufe; allerdings setzt dies voraus, daß alle von ihnen eine Chance erhalten, über den unmittelbaren Einsatz ihrer Arbeitskraft innerhalb fester vorgegebenen Bedingungen hinaus, ein breiteres Spektrum ihres Lebens (zumindest vorübergehend) in Wien zu entfalten.

Ein wichtiger Impuls zu erhöhter Innovationstätigkeit entspringt dem erhöhten Wettbewerbsdruck, dem sich Wiens Unternehmen ausgesetzt sehen. Nur wenn diese Herausforderung auch tatsächlich angenommen wird, läßt sich das Innovationspotential in ein beschleunigtes Wachstum von Einkommen und Beschäftigung umsetzen.

Die Studie "Wien 2010" zeigt anhand von Modellrechnungen, daß dieses Wachstum (unter Berücksichtigung der zu erwartenden Produktivitätssteigerungen) ausreicht, um eine Ausdehnung des Kreises der in Wien Erwerbstätigen zu rechtfertigen; Wiens Wirtschaft besitzt ein noch ungenutztes Beschäftigungspotential, das es auszufüllen gilt. Es stellt sich hiebei allerdings die Frage nach den Personen, die dafür herangezogen werden sollen.

Produktivitätsfalle

Diese Frage führt zu einem der Risikofelder wirtschaftlicher Entwicklung unter offenen Grenzen. Dabei geht es um das Problem, ob die in Wien tätigen Unternehmen gezielt auf eine Strategie des Qualitätswettbewerbs, des beschleunigten technischen Fortschrittes und der starken Investitionen in Humankapital setzen. Es gibt keine Hinweis, daß Unternehmer einen solchen Weg zwingend beschreiten; zumal wenn sich aufgrund der kurzfristigen Marktlogik aus dem Angebot deutlich niedriger remunerierter Arbeitskräfte Chancen auf eine unmittelbare Erhöhung des Unternehmensgewinnes ergeben.

Für die Stadtwirtschaft bedeutet in diesem Sinn erhöhte Migration die Gefahr, daß Unternehmen auf eine "Billiglohnstrategie" setzen. Damit wird jedoch die langfristige Wachstumsdynamik von Wiens Wirtschaft geschwächt; auf kurze Perspektive steigen Beschäftigung und Erträge, während die "innere" Einkommensdynamik der Stadtwirtschaft erlahmt.

Beschäftigungsstandards

An dieses erste Risikofeld (Schwächung der Innovationskraft durch Billiglohnstrategien) grenzt ein zweiter Problemkreis, mit dem sich Wiens Wirtschaft und Gesellschaft konfrontiert sieht: die Erosion der arbeitsrechtlichen Standards. Dies geschieht auf stille Weise über den grauen Arbeitsmarkt, auf dem Personen mit recht verschiedenem sozio-ökonomischen Profil über mehr oder minder lange Perioden Beschäftigung suchen und finden. Vielfach sind die Betreffenden (aufgrund der äußerst beschränkten Bedingungen ihres Heimatortes) bereit, zu Lohnsätzen zu arbeiten, Gesundheits- und Sozialrisiken auf sich zu nehmen, die nach dem gegenwärtigen politisch konsensualen Verständnis als nicht akzeptabel angesehen werden.

Der graue Arbeitsmarkt wirkt nicht nur direkt auf die unselbständig Erwerbstätigen, die sich einem erhöhten Lohndruck ausgesetzt sehen. Die Erosion der Arbeitsstandards wirkt auch indirekt durch die Umsatz- und Beschäftigungsverluste jener Betriebe, die sich an die Standards gebunden fühlen.

Arbeitslosigkeit

Der große historische Verteilungskompromiß der österreichischen Sozialpartnerschaft steht zur Diskussion.

Die Auflösung der Beschäftigungsstandards durch die aggressive Expansion des grauen Arbeitsmarktes löst einen Verdrängungsprozeß aus, dessen sichtbares Zeichen eine steigende Arbeitslosigkeit bei gleichzeitig wachsender Beschäftigung ist. Die "teuren" eingesessenen Erwerbstätigen werden durch "billige" Personen ersetzt, die eine höhere Flexibilität in regionaler, sozialer und ökonomischer Hinsicht einbringen. Dies führt zu einer Sozialisierung der Kosten der Billiglohnstrategie im urbanen Raum. Gleichzeitig kommt es zu einer Schwächung der dauerhaften städtischen Kaufkraft, wodurch die lokale Basis der traditionellen Wiener Dienstleistungsbranchen geschwächt wird; dies erhöht die Konjunktursensitivität der Stadtwirtschaft.

Risse im Verteilungsgefüge

Die skizzierte Risiken eines langfristigen niedrigen Produktivitätswachstums, der Erosion von Beschäftigungsstandards und der Verfestigung von Arbeitslosigkeit stellen sich aus der Sicht der Verdrängten als Konkurrenzkampf mit den Migranten dar. Tatsächlich stehen jedoch unter solchen Bedingungen etablierte Proportionen der Verteilung des Sozialproduktes zwischen den einzelnen Interessensgruppen der österreichischen Gesellschaft zur Diskussion. Dies gilt gleichermaßen für die Beziehung zwischen Lohn- und Unternehmereinkommen wie für die Relation zwischen den Renditen auf Besitz und den Erwerbseinkommen.

Denn durch die verstärkte Migration kommt es zu einem spürbaren Überhang der Nachfrage nach Raum für Wohn- und Arbeitszwecke. Dies läßt die Mieten, die Immobilienwerte und schließlich die Bodenpreise steigen. Hält diese Spirale an, dann wird die Wiener Bevölkerung einen deutlich wachsenden Anteil ihres Einkommens für Wohnzwecke aufwenden müssen.

Welche Dimensionen das annehmen kann, zeigt die Allokation von privaten Haushaltsbudgets in den Agglomerationen von London und Paris. Auch die Entwicklung in München verdeutlicht, zu welchen weitreichenden Nebenwirkungen von Vermögenstiteln es im Bereich des Immobilienbesitzes und des Wohnens in einer neuen Gründerzeit kommen mag.

Unabhängig von der politischen Beurteilung einer solchen Entwicklung, läßt sich feststellen, daß eine massive Vermögensumverteilung (und die daraus folgende Bindung disponibler Konsumanteile von Haushaltsbudgets unselbständig Erwerbstätiger) den großen historischen Verteilungskompromiß der österreichischen Sozialpartnerschaft in Frage stellt; dies bedroht einen wichtigen Teil dessen, was im politischen und sozialen Zusammenleben in Wien und ganz Österreich hohe Wertschätzung genießt.

Es sind institutionelle Rahmenbedingungen gegen eine Niedriglohnstrategie und den grauen Arbeitsmarkt zu schaffen.

Neue Kontexte

Die durch erhöhte ökonomische Mobilität im Städtedreieck Wien – Bratislava – Budapest eröffneten Chancen und Risiken erfordern eine aktive Öffentliche Hand. Dabei geht es nicht primär um Eingriffe mit dem Ziel, laufend den Migrationsprozeß direkt zu steuern. Ein solches Unterfangen verfiele auf obrigkeitsstaatliche Konzepte, die davon ausgehen, sozio-ökonomischer Wandel ließe sich direkt administrieren. Dies ist jedoch nicht der Fall – schon gar nicht durch den Einsatz der Fremdenpolizei.

Vielmehr bedarf es der Herstellung neuer institutioneller Rahmenbedingungen, die aus unternehmerischer Sicht die Wahl einer Niedriglohnstrategie und den Rückgriff auf den grauen Arbeitsmarkt als wenig attraktiv erscheinen lassen. Sei es, weil durch aktive Netzwerkgestaltung die Erträge im Qualitätswettbewerb höher liegen als auf Märkten mit scharfer Preiskonkurrenz; sei es, weil die Arbeitsgesetzgebung den Personen, die sich vorerst auf eine Rücknahme ihrer Ansprüche eingelassen haben, ex post das Recht gibt, die Differenz zu gültigen Standards (zivilrechtlich) von Unternehmen einzuklagen; sei es, weil die Wiener Kommunalpolitik als starker, langfristiger Akteur am Wohnungsmarkt disponiert.

Gelingt es diese neuen Kontexte zu schaffen, dann kann Wiens Wirtschaft eine Dynamik entfalten, in der jene Ressourcen geschaffen werden, der eine Stadt der Multikulturalität bedarf.

Michael Wagner, Dr.rer.soc.oec.,
Univ.Doz., Leiter des IWS,
Institut für Wirtschafts- und Sozialforschung.

Publikationen in den Bereichen
Arbeitsmarktpolitik, Stadtentwicklung,
Einkommensverteilung,
Innovationsdynamik.

Daten zur demographischen Situation angrenzender Regionen der Staaten CSFR, Österreich und Ungarn

	Wohnbevölkerung 1987 in 1000	Veränderung 1970 – 87
Westslowakei	2.148	+14,0%
Südmähren	2.058	+6,4%
Südböhmen	696	+6,7%
Ostregion	3.173	–4,2%
Oberösterreich	1.294	+5,6%
Nordwestungarn	1.950	+6,9%

Vergleich der Arbeitsplatzdichte in Österreich, CSFR und Ungarn

Arbeitsplätze pro 100 Einwohner

	Österreich	CSFR	Ungarn
Land- und Forstwirtschaft	3,8	6,8	9,9
Industrie und Gewerbe	12,8	18,1	14,4
Bauwesen	3,5	4,2	3,2
Handel, Fremdenverkehr, Verkehr	10,9	8,9	8,5
Sonstige Dienstleistungen	12,3	11,2	9,8

Quelle: ÖROK, Bevölkerungsprognose II (Neudurchrechnungen 1981 – 2011) Wien, 1990

Beschäftigte Ausländer in Wien
1981 – 1989

	1981	1982	1983
Insgesamt	78.431	71.128	67.445
davon mit			
Beschäftigungsbewilligung	66.656	55.250	49.003
Befreiungsschein	11.775	15.878	18.442

	1984	1985	1986
Insgesamt	63.832	65.008	68.766
davon mit			
Beschäftigungsbewilligung	44.239	43.925	45.868
Befreiungsschein	19.593	21.083	22.898

	1987	1988	1989
Insgesamt	68.466	69.679	74.028
davon mit			
Beschäftigungsbewilligung	44.093	42.971	42.800
Befreiungsschein	24.373	26.708	31.228

Quelle
Landesarbeitsamt
Wien.

Internationalisierung

Migrationsbewegungen

Bemühungen um Integration

Einbürgerungsrecht

Rationalität und Toleranz

Ausländer in Berlin
Von Zuwanderern zu Einheimischen

Barbara John

Nach der Öffnung der Mauer haben wir im Westteil der Stadt eine wichtige Entdeckung gemacht: Zu unserem Erschrecken haben wir erlebt, daß Bürger der DDR, unter ihnen auch viele Jugendliche, aus ihrer Ablehnung gegenüber ausländischen Berlinern kein Hehl gemacht haben. Da hieß es sinngemäß zum Beispiel immer wieder: "Was wollen die Ausländer eigentlich noch hier? Jetzt kommen wir Deutsche. Wir haben Vorrang."

Das war für viele von uns überraschend, weil wir ja daran gewöhnt waren, uns selbst viele Vorwürfe wegen immer wieder aufflammender punktueller Ausländerfeindlichkeit zu machen, besonders nach der Wahl im Januar 1989, als die rechtsradikale Partei der "falschen Republikaner" auf Anhieb 7,5 Prozent der Stimmen gewann.

Das alte DDR-Regime hatte sich immer damit gebrüstet, antifaschistischer zu sein als wir. Die Stimmabgabe für die REP's schien den kommunistischen Machthabern eine ganz natürliche Entwicklung in einem nichtsozialistischen pluralistischen Land zu sein, auf die sie hämisch mit dem Finger zeigten. Aber zur Häme gab und gibt es keinen Anlaß und keinen Grund, und zwar auf beiden Seiten nicht. Dennoch ist eine Erkenntnis jetzt sicher: Nur offizielle Bekenntnisse, etwa zur internationalen Solidarität oder zur unverbrüchlichen Völkerfreundschaft, sind nicht einmal das Papier wert, auf das sie gedruckt werden. Durch sie wird die Bevölkerung nicht dazu motiviert, eine tolerante Haltung gegenüber ausländischen Zuwanderern einzunehmen. Aber genau darauf kommt es an. Es ist eine ebenso bequeme wie unwirksame Politik, Denk- und Meinungsverbote zu verhängen und strikt zu kontrollieren - gerade wenn es um das Zusammenleben mit Menschen aus anderen Kulturen geht. Das erzeugt, wie wir jetzt sehr deutlich sehen, mehr dumpfe Neigung und Gegnerschaft als offene Diskussionen, auch wenn hier und da schrille Töne zu hören sind. Verdrängung läßt Ressentiments wachsen, während die freie Diskussion, in der auch Vorbehalte geäußert werden, zur Nachdenklichkeit und zur Korrektur der Einstellungen zwingt.

Verdrängung läßt Ressentiments wachsen, während die freie Diskussion zur Nachdenklichkeit und zur Korrektur der Einstellungen zwingt.

In der DDR kam noch etwas anderes hinzu. Die Staatsführung hat, von den Parolen einmal abgesehen, kein gutes Beispiel gegeben im Umgang mit ihren ausländischen Minderheiten. So mußten die etwa 90.000 im Rotationsverfahren beschäftigten Werkarbeitnehmer (davon 60.000 Vietnamesen) in Wohnheimen von der deutschen Bevölkerung völlig isoliert, in ihrer Freizügigkeit und ihren sozialen Beziehungen total eingeschränkt, abgedrängt am Rande der Gesellschaft leben. Diese öffentliche Demonstration im Umgang mit Minderheiten hat nicht gerade positive Gesinnungen verstärkt.

Wie es im städtischen Zusammenwachsen in Berlin nun weitergeht, das wird sich zeigen. In der Vergangenheit haben sich die beiden Stadthälften, was die kulturelle, nationale und auch religiöse Zusammensetzung der Wohnbevölkerung angeht, jedenfalls stark unterschieden.

Internationalisierung

Im Ostteil der Stadt ist die Bevölkerung weitgehend national homogen geblieben. Im Westteil dagegen ist sie national und kulturell viel heterogener, also internationalisiert. Begonnen hat diese Entwicklung vor gut 25 Jahren, gleich nach dem Mauerbau. Nach dem Willen ihres Erbauers Walter Ulbricht sollte gerade mit dieser fast unüberwindbaren Grenzziehung dem Westteil der Stadt auch der bevölkerungspolitische Todesstoß versetzt werden. So lautete eine seiner Prophezeiungen: Berlin wird austrocknen wie ein flacher Sumpf; das Berlin-Problem und die deutsche Frage werden sich auf diese Weise von selbst erledigen. Diese vorausgesagte Schrumpfung ist bevölkerungspolitisch nicht eingetreten. Es gab zwar zwischen 1961 und 1987 einen Rückgang in der Bevölkerung um zirka 200.000, aber das ist im Vergleich zu anderen Städten sehr wenig. Grundlegend verändert hat sich allerdings die national-kulturelle Zusammensetzung der Bevölkerung im Westteil der Stadt. Während 1961 der Ausländeranteil bei einem Prozent lag, das waren ungefähr 22.000 ausländische Bürger, liegt er heute bei 275.000, das sind über 13 Prozent der Berliner Bevölkerung. Unter den Jugendlichen ist der Prozentanteil noch höher. So ist heute jeder fünfte Berliner Jugendliche unter 20 Jahren ausländischer Herkunft.

Der Bau der Mauer fiel zeitlich mit der großen europäischen Nachkriegswanderung zusammen, mit der Arbeitsmigrantenwanderung, die nicht nur die Mittelmeerländer, sondern auch angrenzende Staaten, etwa Tunesien und Marokko, mit einbezog. So kamen zwischen 1955 und 1973, zur Zeit des Anwerbestopps, etwa 14 Millionen ausländische Arbeitnehmer in die Bundesrepublik. Fast 11 Millionen sind freiwillig zurückgekehrt; ungefähr 3 Millionen sind geblieben.

Migrationsbewegungen

Berlin war insbesondere für drei Gruppen eine gesuchte Zuwanderungsregion in dieser Zeit: zuerst einmal für die türkischen Arbeitsmigranten – das hat berlinspezifische Gründe. Später, viel später als etwa andere Bundesländer, brauchte Berlin Arbeitskräfte. Wir hatten ja bis zum Mauerbau eine stetige Zuwanderung aus der DDR. Das hat sich dann schlagartig verändert. Erst Mitte der sechziger Jahre setzte auch auf unserem, dem Berliner Arbeitsmarkt eine neue Nachfrage ein, und zwar nach möglichst unqualifizierten Arbeitskräften, die wir für die damals noch stark ausgebaute Textil- und Elektromontageindustrie brauchten. Deshalb wurde in den Mittelmeerländern für diese Arbeitskräfte geworben, und es fanden sich damals nur Türken, die bereit waren, nach Berlin zu kommen. Das hängt wohl damit zusammen, daß Italiener, Spanier und Portugiesen bereits vielfache Verbindungen zu den südlichen Bundesländern hatten, etwa zu Baden-Württemberg und Bayern. So zogen zwischen 1967 und 1973 ungefähr 25.000 türkische Arbeitskräfte nach Berlin. Der zahlenmäßige Unterschied zwischen 25.000 angeworbenen Arbeitskräften und den 126.000 türkischen Bürgern, die heute in Berlin leben, ergibt sich aus dem Familiennachzug.

Eine zweite Gruppe, die in Berlin inzwischen stark vertreten ist, sind die Polen. Sie sind nach den Jugoslawen (mit 32.000 Bürgern) die drittgrößte ausländische Gruppierung. Die Polen sind die jüngste unter den Zuwanderungsgruppen. Sie kamen erst während der Zeit des Kriegsrechts, also zwischen 1982 und 1984 verstärkt nach Berlin. Inzwischen leben hier etwa 22.000 polnische Bürger.

In Berlin bilden die Bewohner eine Lebens- und Schicksalsgemeinschaft.

Eine vierte größere Gruppe sind arabische Familien, die inzwischen in einer Größenordnung von ungefähr 10.000 Personen in Berlin leben. Auch das hat geographische oder politisch-geographische Gründe. Es handelt sich in erster Linie um staatenlose Palästinenser und um zirka 2.000 Libanesen. Die meisten aus dieser Gruppe kamen direkt aus Beirut nach Schönefeld, also über Ost-Berlin in die Stadt. Sie stellen immer noch Asylanträge. Aus bekannten Gründen ist es zur Zeit wohl unmöglich, diese Menschen in das Krisengebiet Libanon zurückzuschicken. Deswegen gehen wir davon aus, daß die meisten Asylbewerber, selbst wenn ihre Anträge im Asylverfahren abgelehnt worden sind, bleiben werden.

Neben diesen drei Gruppen gibt es aus den EG-Staaten 8.000 Griechen und Italiener in Berlin, etwa 1.600 Spanier und nur 700 Portugiesen. Unter den deutschen Städten ist Berlin dennoch keineswegs die Stadt mit dem prozentual größten Ausländeranteil. Wir werden weit übertroffen etwa von Frankfurt am Main mit einem Anteil von 25 Prozent oder von Städten wie München und Köln mit etwa 17 Prozent Ausländern. Dennoch ist die integrationspolitische Aufgabenstellung in Berlin anders. In Berlin bilden die Bewohner eine Lebens- und Schicksalsgemeinschaft. Jedenfalls war das bis zur Öffnung der Mauer so. Das ist mehr als nur ein politisches Bekenntnis; es ist eine fast zwangsläufige Folge der stadtgeographischen Verhältnisse. Denn es gab im Gegensatz zu anderen Städten in Berlin keine Rückzugsmöglichkeiten der wohlhabenderen Schichten in grüne Vorstädte oder in das Umland. Deshalb gibt es auch keine ausgeprägte Entwicklung zu Ghettoquartieren ausländischer Neuzuwanderer. Auch in dem Bezirk mit dem höchsten Ausländeranteil, in Kreuzberg, übersteigt der Ausländeranteil nicht die 30-Prozent-Quote.

Berlin ist in der Integrationspolitik weiter als andere Bundesländer.

Bemühungen um Integration

In der spezifischen Situation von Berlin haben Fragen der gesellschaftlichen und sozialen Eingliederung und des Zusammenwachsens von Mehrheit und Minderheit essentielle Bedeutung für die Stadt. Richard von Weizsäcker hat das einmal so ausgedrückt: "Die Stadt hat eine Mauer und das ist mehr als genug. Wir können nicht weitere Zäune ertragen, etwa Zäune, die zwischen verschiedenen Nationalitäten, Gruppen oder zwischen verschiedenen ethnischen Gruppen gezogen werden." Und so liegt es eigentlich nahe, daß Berlin in der Integrationspolitik weiter ist als andere Bundesländer:

1. Mehr als 70 Prozent der türkischen und jugoslawischen Bevölkerung verfügen über einen sicheren Rechtsstatus.

2. Im Schulbereich ist die Situation in Berlin ein wenig besser als in anderen Bundesländern; so erwerben 70 Prozent der ausländischen Schüler einen Schulabschluß. Dennoch gibt es hier eine Reihe von Problemen aufzuarbeiten.

3. Auch was die berufliche Bildung angeht, können wir auf positive Trends verweisen. Während 1974 nur 592 ausländische Jugendliche in einem Ausbildungsverhältnis standen, sind es 1989 etwa 6.000 gewesen.

4. Ebenso handhaben wir die Familienzusammenführung trotz einer strikten Begrenzungspolitik liberaler als andere Länder. Wir tun das aus dem Bewußtsein heraus, daß es integra-

tionsschädlich ist, wenn die hier lebenden Minderheiten erfahren müssen, daß ihre Interessen nicht so ernst genommen werden wie die Interessen der einheimischen Bevölkerung.

5. Wir leisten Ausbildungshilfe für ausländische Gewerbetreibende.

6. Bei der Wohnraumvergabe öffentlich geförderter Projekte sollen mindestens 15 Prozent des Bestandes an ausländische Minderheiten gegeben werden.

7. Der Berliner Senat (SPD/AL) hat auch beschlossen, das kommunale Wahlrecht für Ausländer einzuführen. Wegen der Klage vor dem Bundesverfassungsgericht ist die parlamentarische Behandlung allerdings derzeit ausgesetzt worden.

8. Auch die Flüchtlingsregelung, die der Berliner Senat praktiziert, ist beispielhaft in der Bundesrepublik und betrifft ungefähr 8.000 Asylbewerber aus verschiedenen Ländern (Libanon, Äthiopien, Afghanistan, Sri Lanka, Iran). Es handelt sich um solche Familien, die seit Jahren in Berlin leben, aber sich rechtlich in einem Schwebezustand befanden, das heißt, sie konnten nur mit einer Drei-Monats-Duldung hier existieren, die immer wieder verlängert werden mußte, weil eine Rückreise nicht möglich war. In anderen Bundesländern wird weiterhin die Duldungsregelung praktiziert und verhindert vor allem die schulische und berufliche Integration der Jugendlichen aus dieser Gruppe.

Berlin hat sich entschlossen, rechtlich abgesicherte Verhältnisse für diese Gruppe herzustellen. Der Berliner Senat will damit verhindern, daß sie in soziale Grauzonen abgedrängt werden. Das war keine leichte Entscheidung; sie hat neben Anerkennung auch viel Kritik eingebracht; sie wird hoffentlich ansteckend auf andere Bundesländer wirken.

Es gibt aber auch viele Probleme, die wir noch nicht gelöst haben. Die Schulabbrecherquote gerade unter den jungen Ausländern ist immer noch, und das hat sich in den letzten 20 Jahren kaum verändert, trotz der positiven Trends fast viermal so hoch wie unter den Deutschen; die Chance von jungen Ausländern, einen Ausbildungsplatz zu finden, ist nur halb so groß.

Es besteht also nach wie vor die Gefahr, daß es zu einer sozialen Unterschichtung durch die zugewanderten Minderheiten kommt.

Einbürgerungsrecht

Berlin hat daher bewußt in der letzten Zeit eine Vorreiterrolle übernommen, wo es um die Weiterentwicklung der Integrations- und Ausländerpolitik geht. Der Ausländerstatus als solcher wird gerade für die Jungen, für die zweite Ausländergeneration, immer mehr zum Integrationshemmnis. Er verhindert die notwendige rechtliche Gleichstellung dieser Gruppen. Er ist überwindbar durch Einbürgerung, aber bei dieser Einbürgerung gibt es außerordentliche Schwierigkeiten.

Deutlichere Signale gegen die Ausgrenzung und Diskriminierung von Bürgern werden diskutiert.

Diese hängen einerseits damit zusammen, daß wir mit einem völlig überholten Einbürgerungsrecht aus dem Jahr 1913 operieren müssen. Andererseits stehen indes vor allem bei der türkischen Minderheitengruppe rechtliche und psychosoziale Hindernisse einer Einbürgerung im Wege.

Die Einbürgerungsquote in Berlin ist dennoch, und das geht natürlich auf die Werbung für die Einbürgerung zurück, viermal so hoch wie in den übrigen Ländern der Bundesrepublik. Sie liegt bei 1,2 Prozent, in der Bundesrepublik insgesamt liegt sie nur bei 0,3 Prozent, bei türkischen Zuwanderern gar nur bei 0,1 Prozent. Wenn wir uns mit diesen geringen Quoten zufriedengeben, dann werden wir noch in 50 Jahren mit rechtlich ungleichen Minderheiten in der Stadt zusammenleben.

Deshalb hat der Berliner Senat ganz entscheidende Erleichterungen bei der Einbürgerung vorgeschlagen, die von drei bisher ehernen Prinzipien im Einbürgerungsrecht Abschied nehmen:

1. Von der Monostaatlichkeit. Gerade was die türkische Minderheit angeht, soll der Schritt zur doppelten Staatsbürgerschaft gewagt werden.

2. Zusätzlich soll es auch künftig möglich sein, daß es unterschiedliche Staatsbürgerschaften in einer Familie gibt. Es ist

vollkommen natürlich, daß die erste Generation die eigene Staatsbürgerschaft behalten will, weil eine Rückkehr zumindest im Rentenalter so gut wie vorgezeichnet ist, während die zweite Generation hier die rechtliche Gleichstellung braucht.

3. Drittens sollen ausländische Kinder die deutsche Staatsbürgerschaft bei Geburt in der Bundesrepublik erwerben, wenn bereits ein Elternteil hier geboren ist.

Bisher gibt es von anderen Bundesländern, insbesondere von den süddeutschen, massiven Widerstand gegen diese Änderungen.

Wir glauben, daß Toleranz heute mehr sein muß als Duldung von Anderssein.

Selbst wenn es durch eine gute Politik, die auch die anderen Bundesländer überzeugen muß, gelingen sollte, in dieser Frage voranzukommen, bleibt das Problem der Diskriminierung von Minderheitenangehörigen, das natürlich auch mit dem deutschen Paß nicht beseitigt ist.

In Berlin ist das Bewußtsein über Diskriminierungsvorgänge vielleicht weiter entwickelt als in anderen Städten. Wir überlegen ernsthaft, ob es nicht an der Zeit ist, auch in öffentlich demonstrierten Normen, etwa in der Verschärfung des geltenden Strafrechts oder in der Schaffung eines Antidiskriminierungsgesetzes, ein deutliches Signal gegenüber Mehrheit und Minderheit zu setzen, daß Ausgrenzungen von Bürgern nicht hingenommen werden.

Rationalität und Toleranz

Auch in Berlin berufen wir uns gern auf Zeiten in unserer Stadtgeschichte, als Toleranz und Aufklärung politische und soziale Wegweiser waren. Wir erinnern uns an Namen wie den des Großen Kurfürsten oder Friedrich des Großen, an Lessing und Moses Mendelssohn. Aber wie wir aus der eigenen Geschichte wissen, muß aus dem Keim, der damals für Toleranz gelegt wurde, keineswegs zwangsläufig eine kräftige und auf Dauer lebensfähige Pflanze werden. Toleranzprobleme stellen sich immer wieder neu und sie stellen sich immer wieder anders. Die Einübung in tolerantes Denken und Handeln ist heute keineswegs leichter als vor etwa 200 oder 300 Jahren; sie ist wahrscheinlich sogar schwerer. Denn in der modernen Massendemokratie läßt sich eine tolerante Gesinnung nicht mehr durch herrscherliche Edikte verordnen; selbst in den aufgeklärtesten Monarchien waren die tatsächlichen Erfolge solcher Verordnungen auch sehr begrenzt.

Dennoch, Rationalität und Toleranz sind ja gerade lebendigen Demokratien wesenseigen. Der Berliner Senat wirbt, und das tut er wortwörtlich, mit Plakaten und Anzeigen für ein neues Verständnis von Toleranz. Wir glauben, daß heute Toleranz mehr sein muß als Duldung des Andersseins, daß sie ihren Urgrund in einer grundsätzlichen Bejahung kultureller, religiöser und politischer Unterschiedlichkeit hat, weil in der Buntheit ein ganz entscheidender Wert des Humanen liegt, der gerade in städtischen Gesellschaften zu verteidigen ist.

Die politische Praxis muß sich an dem orientieren, was eine Stadtbevölkerung gemeinsam zustande bringt.

Eine multikulturelle Stadt propagandistisch anzupreisen, hilft uns wenig weiter; sie ist längst eine Realität, die viele bejahen, aber auch viele nicht oder noch nicht wollen, weil sie sich vor dem Wandel fürchten, die soziale Wirklichkeit als fremd erleben, sie nicht mehr verstehen, Angst haben, daß ihr Platz darin verlorengeht. Daher kommt es darauf an, daß die einheimische Mehrheit die neue Situation akzeptieren kann. Sie wird sich darauf nur einlassen, wenn sie sich nicht überfordert fühlt und nicht überfordert wird, indem zu viele Opfer abverlangt werden. Die politische Praxis muß sich deshalb an dem orientieren, was eine Stadtbevölkerung gemeinsam zustande bringt. Die politische Philosophie des multikulturellen Zusammenlebens muß daher der Pragmatismus sein, nicht eine idealisierte Beschreibung, wie die Stadt sein sollte. Die redliche Darstellung von Konflikten, Schwierigkeiten und Problemen gehört ebenso dazu wie die Wahrnehmung und Entwicklung von Stärken bei den zugewanderten Minderheiten. Die Polis der unterschiedlichen Menschen wird nur bestehen können, wenn nicht das Trennende im Mittelpunkt der Diskussion steht, sondern die Gemeinsamkeiten.

Um das zu erreichen, müssen vor allem die unvermeidbaren Probleme von Zuwanderern gezielt bekämpft und gemildert werden, z.B. Arbeitslosigkeit, Bildungsdefizite, aufkeimende Jugendkriminalität. Dazu sind langfristig angelegte sozialpolitische Programme notwendig. Die volle rechtliche Gleichstellung der Zuwanderer ist ebenso ein unverzichtbarer Schritt, um Chancengleichheiten zu gewährleisten, Entfaltung zu fördern, die Identifizierung mit der neuen Gesellschaft zu erreichen und das Zusammenwachsen von Mehrheit und Minderheit zu ermöglichen.

Unsere Städte sind erst dann bunt, offen, vielfältig oder neudeutsch multikulturell, wenn Bürgerstatus nicht mehr durch Abstammung bestimmt wird sondern durch den Willen zur Gemeinsamkeit. Zum Berliner wird man nicht durch Abstammung, Herkunft, Nationalität oder Glauben, sondern dadurch, daß man sich auf das Leben in einer modernen Großstadt einläßt, wo Lebensstile teilweise unversöhnlich nebeneinanderstehen. Eine multikulturelle Stadt ist keine Völkerschau im Stil des 19. Jahrhunderts, sie ist eine schöpferische Aufgabe. Das harte Aufeinanderprallen von gegensätzlichen Wertvorstellungen, Erziehungsstilen, Kulturtraditionen wird dann fruchtbar werden, wenn Stadtbewohner sich sicher genug fühlen, um sich gegenseitig ernst zu nehmen und sich auch Konflikten zu stellen.

Barbara John, Diplompolitologin,
wissenschaftliche Assistentin
an der Freien Universität Berlin,
seit Dezember 1981 Ausländerbeauftragte
des Senats von Berlin.
Publikationen im Bereich Ausländerintegration.

Melderechtlich registrierte Ausländer in Berlin (West)
am 31. Dezember 1989 nach Staatsangehörigkeiten

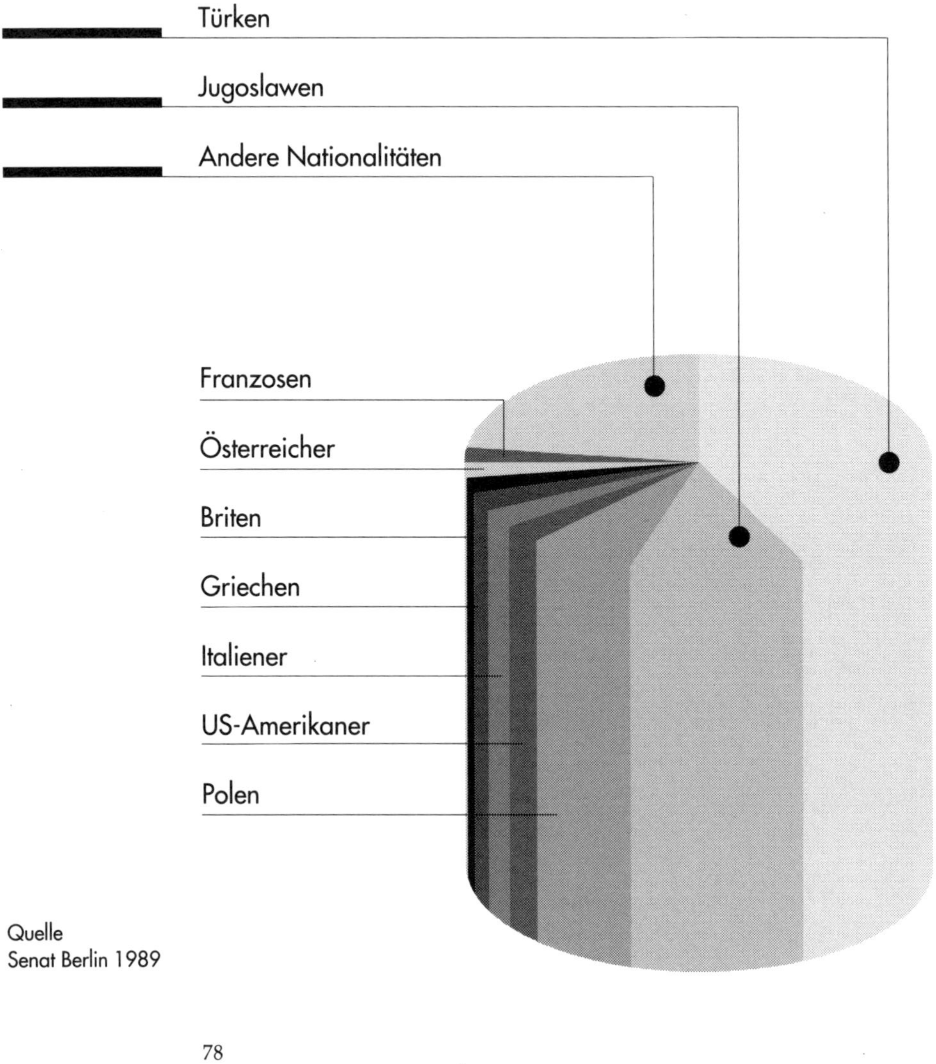

Quelle
Senat Berlin 1989

Ausländer in der DDR	Arbeitnehmer	106.500	
	Studenten	10.200	
	In Berufsausbildung	28.900	
	Sonstige	44.800	
	Gesamt	190.400	

Staatsangehörigkeit ausländischer Arbeitnehmer in der DDR	Vietnam	66,2%	Quelle Thoma-Venske, Notizen zur Situation der Ausländer in der DDR. In: ZAR 3/1990
	Mocambique	16,6%	
	Kuba	8,8%	
	Polen	7,0%	
	Angola	1,4%	
	Gesamt	100,0%	

Ausländeranteil in Städten der BRD	Berlin (West)	13,7%
	Bremen	15,0%
	Bonn	9,0%
	Düsseldorf	16,1%
	Frankfurt/M.	25,0%
	Hamburg	11,2%
	München	17,4%
	Stuttgart	18,1%

Quelle
Senat Berlin 1989

"Entwicklungsboom" statt schrumpfende Stadt

Neue Anforderungen an eine Stadtentwicklungspolitik

Eine neue Stadtentwicklungsplanung für Hamburg

Resümee und fiskalische Betrachtung

Ein neuer Stil der Planung

Stadtentwicklungsplanung in Hamburg
Herausforderung für die neunziger Jahre

Jobst Fiedler

Wien und Hamburg haben zahlreiche Gemeinsamkeiten, die es lohnend machen, die Herausforderungen, denen sich Hamburg ausgesetzt sieht, in diese Fachtagung einzubringen:

1. Beide Städte haben mit ca. 1,5 bis 1,6 Mio. Einwohnern fast die gleiche Bevölkerungszahl.

2. Beide Städte haben schon heute einen hohen Ausländeranteil (10 bzw. 12 %).

3. Beide Städte sind die Metropolen in Mitteleuropa, die (abgesehen von der Sondersituation, in der sich Berlin befunden hat) in besonderer Weise durch den fast vier Jahrzehnte bestehenden "Eisernen Vorhang", von dem sie jeweils nur ca. 40 km entfernt lagen, in eine besondere Randlage zur westeuropäischen Wirtschaftsentwicklung gedrängt wurden. Beide hatten auf die eine oder andere Weise ihr traditionelles ökonomisches und soziales "Hinterland" verloren und dadurch besondere Nachteile.

4. Beide Städte sind Stadtstaaten innerhalb einer föderalen Bundesstruktur. Sie standen deshalb vor besonderen Problemen, die sich aus der Abwanderung von Bevölkerung und gewerblichen Arbeitsplätzen in das Umland ergeben haben: Diese Abwanderung hatte zwar in beiden Städten dazu beigetragen, den Wohnungsmarkt zu entspannen und die Lebensqualität in der Stadt zu verbessern. Sie hat auch den Trend zu einer postindustriellen Dienstleistungsbeschäftigung in beiden Städten verstärkt. Sie hat aber auch die fiskalische Einnahmebasis beider Städte geschwächt (Abwanderung von Bevölkerung und

Arbeitsplätzen in andere Bundesländer). In beiden Städten konnte dies nur teilweise durch ihre mitgebrachten Stärken kompensiert werden: in Wien durch die Rolle als kulturelle und politische Hauptstadt, in Hamburg durch die Rolle als Außenhandels- und Medienzentrum der Bundesrepublik.

5. Die wesentliche Gemeinsamkeit, die auch das zentrale Thema dieser Fachtagung einleitet, ist die Tatsache, daß beide Städte durch die Öffnung der Grenzen besonderen Chancen, aber auch Risiken der Stadtentwicklung ausgesetzt sind, die sich durch diese neue Lage ergeben.

Die Chancen aber auch Risiken mögen in Hamburg durch die absehbare Wiedervereinigung noch ausgeprägter sein und deshalb in Teilen nicht voll vergleichbar sein. Dennoch ist es lohnend, für die in Wien schon intensiv vorbereitete Debatte Überlegungen zu neuen Herausforderungen und Schwerpunkten unserer Stadtentwicklungspolitik in Hamburg vorzutragen.

Anders als die Vortragenden aus Wien, insbesondere die Fachleute der beteiligten Institute, kann ich nicht zurückgreifen auf eine tiefere Studie zu den strategischen Optionen und Herausforderungen, sondern muß eingestehen, daß Hamburg noch stärker als Wien durch die jetzt zu beobachtende Entwicklungsdynamik überrascht, ja überrollt wurde.

Noch im letzten Jahr waren Probleme und Chancen einer stagnierenden oder gar schrumpfenden Stadt Thema von Konferenzen in Hamburg. Wir stehen deshalb vor einer sehr gründlichen Revision unserer Planungen, Arbeitsstrukturen und Instrumente. Deshalb werde ich hier meine eigenen Überlegungen als in der kommunalen Praxis Verantwortlicher einbringen. Sie sind nicht bzw. noch nicht Senatspolitik, beruhen aber auf sehr fruchtbaren Diskussionen mit einem Kreis von Fachleuten aus ganz unterschiedlichen Positionen in Verwaltung, Politik und Wirtschaft.

"Entwicklungsboom" statt schrumpfende Stadt: Chancen und Risiken

Mit dem lang anhaltenden wirtschaftlichen Aufschwung in den Industrieländern, der Entwicklung zu einem immer stärker integrierten EG-Binnenmarkt und mit der Perspektive eines vereinigten Deutschlands haben sich die Rahmenbedingungen von Hamburgs Stadtentwicklung grundlegend verändert. Seit fast 20 Jahren ist nicht mehr so häufig von Boom, steigenden Investitionen und gefüllten Auftragsbüchern gesprochen worden wie jetzt. Dies enthebt uns nicht der Aufgabe, diese Entwicklung zu bewerten und ihre Chancen und Risiken aufzuzeigen.

Durch die Entwicklungen der letzten Jahre rückt Hamburg stärker ins Zentrum eines neugeordneten Nord- und Mitteleuropas.

Die wirtschaftlichen Aussichten Hamburgs sehen ungleich besser aus als noch Mitte der achtziger Jahre:

1. Die sogenannte "Standortpolitik" des Senats mit dem Ziel, die Attraktivität und Wettbewerbsfähigkeit der Stadt wesentlich zu verbessern, zeigt deutliche Erfolge. Begünstigt durch die lang anhaltende Konjunktur hat sie dazu geführt, daß das wirtschaftliche Wachstum in Hamburg inzwischen im Bundesdurchschnitt liegt (3,4 % 1989) – aber auch nicht darüber.
2. Die Schwäche Hamburgs im produzierenden Gewerbe, das insbesondere in der Beschäftigung seit Mitte der siebziger Jahre stark geschrumpft war, konnte ausgeglichen werden.
3. Zuwachsraten, die über dem Bundesdurchschnitt liegen, ergeben sich insbesondere im Dienstleistungsbereich und in der Hafenentwicklung. Die Stärke der Dienstleistungsentwicklung zeigt sich unter anderem darin, daß ca. 700.000 m^2 zusätzliche Bürofläche in den nächsten Jahren in Hamburg entstehen werden.

Ein länger anhaltender kräftiger Wachstumsschub kann von dem Doppeleffekt der gleichzeitigen Verwirklichung von EG-Binnenmarkt und deutscher Einheit erwartet werden. Der EG-Binnenmarkt wird Hamburgs Rolle als Tor zum Norden für die skandinavischen Staaten und als zentraler EG-Hafen für den Ostasienhandel stärken, hätte aber allein an der Randlage nichts geändert. Durch die Öffnung der Grenzen, die Wiedervereinigung und die ökonomischen und politischen Reformprozesse in den anderen osteuropäischen Staaten rückt Hamburg jetzt von dieser Randlage stärker in das Zentrum eines neugeordneten Nord- und Mitteleuropas. Durch diesen Doppeleffekt ergeben sich wichtige Impulse und Chancen für Hamburg als Hafen und Handelsdrehscheibe und Dienstleistungsstandort.

Nicht nur Wirtschaft und Beschäftigung, sondern auch die Bevölkerung in der Stadt wächst. Schon heute liegt die Bevölkerungszahl in Hamburg mit ca. 1,62 Mio um 100.000 höher, als noch 1987 für 1990 prognostiziert wurde. Dies ist neben einer Statistikkorrektur durch die Volkszählung und steigende Geburtenzahlen vor allem auf die starken Wanderungs- und Flüchtlingsbewegungen der letzten beiden Jahre zurückzuführen. Es spricht viel dafür, daß diese auch in den nächsten Jahren anhalten werden – ob in gleicher Größenordnung oder reduziert, ist sicherlich davon abhängig, inwieweit sich die ökonomische und politische Entwicklung in den osteuropäischen Staaten stabilisiert. Für längere Zeit wird deshalb die Einwohnerzahl in Hamburg – nach einem Bevölkerungsrückgang um 200.000 in den letzten 20 Jahren - weiter ansteigen.

Sicher ist, daß wir von der Annahme einer schrumpfenden Stadt Abschied nehmen müssen.

Bewertung und alternative Szenarien

Es wäre falsch, diese Entwicklungstrends schon für eine gesicherte Prognose zu halten. Sicher ist nur, daß wir Abschied nehmen müssen von den früheren Annahmen einer in Bevölkerungs- und Arbeitsplatzzahl schrumpfenden Stadt. Ausmaß und Auswirkungen des sich abzeichnenden Entwicklungsbooms sind sehr stark durch externe Faktoren bestimmt und lassen durchaus unterschiedliche Szenarien zu. Es wäre Aufgabe einer vorausschauenden Entwicklungspolitik für Hamburg, solche Szenarien näher zu erarbeiten und zu bewerten, um dann festzulegen, welche zur Grundlage der weiteren Stadtentwicklungspolitik der neunziger Jahre werden. Solche Szenarien liegen für Wien mit der Studie "Wien 2010" als erste Vorarbeit vor, für Hamburg ist dies nicht der Fall und kann in diesem Referat naturgemäß auch nicht geleistet werden. Es sollen jedoch einige erste prinzipielle Überlegungen vorgestellt werden:

Auch ein kräftiges und länger anhaltendes Wachstum von Wirtschaft und Bevölkerung kompensiert dennoch nur teilweise den starken Rückgang der Einwohner- und Arbeitsplatzzahl in Hamburg seit 1970. Hamburg hat wegen des schwachen wirtschaftlichen Wachstums in der Vergangenheit und des starken Rationalisierungsschubs in der Wirtschaft auch heute mit ca. 890.000 Beschäftigten immer noch fast 100.000 weniger als 1970. Entsprechend liegt die Arbeitslosigkeit mit ca. 80.000 immer noch über 10 Prozent und deutlich über dem Bundesdurchschnitt. Auch der Anstieg der Bevölkerung seit 1988 hat den langjährigen Einwohnerrückgang nur teilweise kompensieren können: immer noch hat Hamburg ca. 150.000 Einwohner weniger als 1970.

Der Anstieg der Bevölkerung führt auch zu einem Anstieg der Arbeitssuchenden. Ein Abbau des – angesichts von 80.000 Arbeitslosen – immer noch großen Arbeitsplatzdefizits ist deshalb nur bei einem sehr kräftigen Wirtschaftswachstum zu erwarten. Es bleibt für die nächsten Jahre durchaus noch unsicher, was schneller wachsen wird: die Zahl der auf dem Hamburger Arbeitsmarkt zusätzlich Arbeitssuchenden (insbesondere durch die Zuwanderung aus der DDR und Osteuropa) oder die Zahl der neuen Arbeitsplätze.

Es gibt mindestens zwei zentrale, weitgehend extern bestimmte Parameter, die die Anforderungen an die hamburgische Stadtentwicklung der nächsten Jahre wesentlich prägen:

1. Das Ausmaß des Wachstums von Wirtschaft und Arbeitsplätzen. Dies ist sicherlich auch abhängig davon, wie schnell und wie nachhaltig sich neben den positiven Effekten des EG-Binnenmarkts die ökonomische und politische Stabilisierung in der DDR und in Osteuropa entwickelt und auf Hamburg auswirkt.

2. Das Ausmaß der zukünftigen Wanderungs- und Flüchtlingsbewegungen (innerdeutsche Wanderung aus der DDR,

Übersiedlerentwicklung aus Rumänien und insbesondere der Sowjetunion).

Aus diesen Überlegungen lassen sich vier verschiedene Szenarien entwerfen. Sehr positiv für Hamburg wäre das Stabilisierungsszenario: hohes Wachstum von Wirtschaft und Arbeitsplätzen bei begrenzter zusätzlicher Zuwanderung von Bevölkerung und Arbeitssuchenden.

Dem steht das Szenario gegenüber, das sich bei einer länger anhaltenden ökonomischen und politischen Krise in Osteuropa und einer nur langsamen Stabilisierung der Wirtschaft in der DDR nach Einführung von DM und Marktwirtschaft ergeben könnte. In diesem Fall könnte es zu einem Abbremsen des Wirtschaftswachstums in der BRD kommen – vor allem wegen der Rückwirkungen weiterer zusätzlicher Verschuldung oder Steuererhöhungen in der BRD auf die Wirtschaft. Auf der anderen Seite würden die zu erwartenden Übersiedler (insbesondere aus der Sowjetunion, Rumänien, Polen) sowie die innerdeutschen Wanderungsbewegungen den angespannten Arbeits- und Wohnungsmarkt in Hamburg weiter belasten. Bei offenen Grenzen darf nicht übersehen werden, daß die jeweils erreichten relativen Verbesserungen von Wohnungs- und Arbeitsmarkt rückwirken auf die Zahl der Zuwanderer. Es besteht deshalb die Gefahr, daß solche Verbesserungen jeweils schnell wieder "aufgesogen" werden.

Auch dieses Szenario kann derzeit durchaus nicht ausgeschlossen werden. Diese Überlegungen sollen verdeutlichen, in welchem Ausmaß gerade für das beginnende Jahrzehnt Stadtentwicklung auch von wesentlichen externen Faktoren abhängig ist. Dennoch spricht viel dafür, daß Hamburg sehr gute Chancen hat, seine relative Position im Städtewettbewerb und seine ökonomische Basis in den nächsten Jahren wesentlich zu stärken und auszubauen. Ob dies soweit führt, daß Hamburg zum "Spitzenreiter unter den Aufsteigern" innerhalb der Regionen Europas wird – wie neulich in einer Wirtschaftszeitung analysiert wurde – oder ob Hamburg weniger stark von den positiven EG-Effekten profitiert –, auch dies ist unabhängig von der

Entwicklung in Osteuropa nicht eindeutig festzulegen. Die Trends sind jedoch eindeutig genug und die relativen Chancen Hamburgs positiv genug, um – unabhängig von den dargestellten Prognoseproblemen – eine vertiefte Erörterung der Herausforderungen für die Stadtentwicklung unter Bedingungen länger anhaltenden Wachstums von Wirtschaft, Anzahl der Arbeitsplätze und Bevölkerung anzustellen.

Vorteile und Belastungen durch die wachsende Stadt

Stadtentwicklung muß durch eine gezielte ökologische und soziale Steuerung des Wachstums geprägt sein.

Dieser in Aussicht stehende Entwicklungsschub für Hamburg bringt erhebliche Vorteile für Einkommen, Beschäftigung und Steuerkraft der Stadt, er führt aber auch – je nach Ausmaß der Entwicklung – zu erheblichen zusätzlichen sozialen und ökologischen Belastungen. In jedem Fall steht die Stadtentwicklungspolitik vor steigenden und widersprüchlichen Anforderungen. Denen kann sie nur gerecht werden durch eine gezielte ökologische und soziale Steuerung des Wachstums.

Einerseits müssen wir auch in der Zukunft daran interessiert sein, diese wirtschaftliche Wachstumsdynamik, soweit es geht, nach Hamburg und in diese Region zu lenken, um unsere relative Position weiter zu verbessern. Hamburg ist immer noch eine Stadt mit hoher Arbeitslosigkeit, mit Schwächen in der Wirtschaftsstruktur und im Wachstum von Wertschöpfung und Beschäftigung sowie erheblichen Einnahmeproblemen des öffentlichen Haushalts. Es reicht nicht aus, sich globalen Entwicklungsprognosen anzuvertrauen. Eine starke wirtschaftliche Rolle einer Stadt muß immer wieder neu erarbeitet und im Wettbewerb mit anderen Städten neu behauptet werden.

Nicht nur die zukünftige ökonomische und politische Entwicklung in Osteuropa ist schwer prognostizierbar, auch die Einführung des EG-Binnenmarkts wird durchaus zu erheblichen Umbrüchen führen können: Die Mobilität von Kapital und Dienstleistungszentralen und Ansiedlungen wird auch dazu führen, daß Standorte in Gefahr sind, eine Abwertung zu erfahren. Kurz, es geht uns immer noch schlecht genug, um die wirtschaftlichen Expansionschancen, die diese Ausgangslage bietet, voll wahrnehmen zu müssen. Andererseits gilt es zu verhindern:

Erstens, daß die ökologische Stadtqualität sich weiter verschlechtert, denn mehr Wachstum bedeutet mehr Flächenverbrauch durch Wohnen, Gewerbe, Infrastruktur, mehr Verkehr und CO_2-Ausstoß und generell mehr Nutzungskonflikte um begrenzte Fläche.

Zweitens, daß der Bevölkerungsanstieg durch Zuwanderer und Flüchtlingsbewegungen die sozialen Verteilungskonflikte um knappen Wohnraum und Arbeitsplätze weiter verschärft und damit dazu beiträgt, die soziale Spaltung in der Stadt zwischen sozialen Gruppen, aber auch zwischen Stadtteilen weiter zu verfestigen.

Wir dürfen deshalb nicht auf ein ungesteuertes Wachstum setzen, sondern müssen versuchen, die Entwicklung durch eine Stadtentwicklungspolitik zu steuern, die einen behutsamen Stadtanbau im Sinne eines qualitativen Wachstums ermöglicht, das heißt:

1. eine Stadtentwicklungspolitik, die die ökologischen und städtebaulichen Standards, die wesentlich zur Stadtqualität beitragen, nicht nur wahrt, sondern verbessert,
2. eine Stadtentwicklungspolitik, die zunehmende soziale Disparitäten in der Stadt und zwischen Stadtgebieten abbaut.

Auf diesen Umschwung der Anforderungen ist Hamburg – wie andere Großstädte auch – unzureichend vorbereitet. Sollten wir ihnen nicht schnell und kompetent gerecht werden, bliebe uns nur die Wahl zwischen zwei Entwicklungen, die wir beide nicht wollen können, nämlich: einer ungezügelten wirtschaftlichen Expansion, die dann begleitet wäre von mehr Flächenverbrauch, Zersiedelung, Verkehr und zunehmenden sozialen Ungleichheiten auf der einen Seite und einer eher platzsparenden und weniger umweltgefährdenden Stagnation, aber fortdauernder hoher Arbeitslosigkeit auf der anderen Seite.

Neue Anforderungen an eine Stadtentwicklungspolitik

Die Stadtentwicklungspolitik der neunziger Jahre steht deshalb vor vielfältigen, auf den ersten Blick sehr widersprüchlichen Anforderungen:

1. Förderung des Wachstums von Wirtschaft und Arbeitsplätzen durch eine Politik, die die Attraktivität Hamburgs als Handels- und Dienstleistungsmetropole mit einem starken innovativen Sektor produzierenden Gewerbes steigert.

Schon die gestiegene und weiter steigende Bevölkerung erzwingt angesichts der immer noch hohen Arbeitslosigkeit ein zusätzliches Wachstum von Arbeitsplätzen. Allerdings darf eine Standortpolitik in der Zukunft nicht ohne Einbettung in eine Gesamtstrategie der Stadtentwicklung erfolgen und sich nicht reduzieren auf eine unselektive Angebotspolitik, alles und jedes in der Stadt halten zu wollen.

2. Umweltbelastung und Verkehrsverstopfung durch zunehmenden Individual-, Güter- und Wirtschaftsverkehr.

Bei steigender Bevölkerung, steigendem Wirtschaftswachstum und insbesondere Ausdehnung der Hafen-, Distributions- und Handelsfunktion in der Stadt werden sich die heute schon bestehenden Verkehrsprobleme in Zukunft noch sehr viel schärfer stellen. Dies gilt insbesondere für den überproportional wachsenden Lkw-Verkehr. Die hier anstehenden Aufgaben können nur in Stichworten aufgezählt werden: eine wirksame Strategie zum Vorrang des öffentlichen Nahverkehrs, Bewältigung des steigenden Güterverkehrs in und um den Hafen (z.B. durch neue Güterverteilzentren), den zukünftigen Anforderungen entsprechende West-Ost-Verbindungen für den zusätzlichen Verkehr. Es wird unverzichtbar sein, der EG-Politik in Zukunft eine nachdrückliche Einschränkung des Lkw-Güterverkehrs zugunsten von Bahnverkehr abzufordern. Gerade der Trend der just-in-time-Produktion macht die Autobahnen und Straßen zu Lagerflächen für die Betriebe.

3. Verschärfung der Konkurrenz und Konflikte unterschiedlicher Nutzungsanforderungen an den Stadtraum.

Die zusätzlichen Flächenansprüche für neuen Wohnungsbau, Ausweitung der Hafenaktivitäten, neues Gewerbe, die wachsenden Dienstleistungs- und Metropolenfunktionen, zusätzliche öffentliche Infrastruktur, insbesondere für Ver- und Entsorgung und Verkehr, werden die heute schon bestehende Nutzungskonkurrenz bei begrenzter Fläche in einem Stadtstaat erheblich verstärken. Denn selbst die in Bevölkerung und Arbeitsplätzen schrumpfende Stadt der letzten 20 Jahre hatte dennoch einen starken Zuwachs an Wohnungsbauflächen, Arbeitsplatzflächen, Verkehrs- und Umweltbelastungen mit sich gebracht. Zusätzliches Stadtwachstum ist deshalb mit jedem Jahrzehnt schwerer zu bewältigen.

4. Weiterer Bevölkerungsanstieg durch Zuwanderer und Flüchtlinge wird die heute schon akute Wohnungsnot in der Stadt, vor allem für die einkommensschwächere Bevölkerung, weiter verschärfen.

Dies wird zu zunehmenden sozialen Verteilungskonflikten führen. Die Stagnation des Wohnungsbaus in den achtziger Jahren, der starke Rückgang an verfügbaren Sozialwohnungen hätten schon ohne die erhebliche Zuwanderung der letzten eineinhalb Jahre zu einer akuten Wohnungsnot geführt. Diese steigt jetzt durch die geschilderten Entwicklungen dramatisch an und wird sich in Zukunft kaum bessern. Fast 10.000 Zuwanderer leben derzeit in provisorischen Unterkünften. Die Wohnungsbauprogramme werden ihre Wirkung zu spät entfalten und ihre Mengenziele (20.000 bis 1995) werden vermutlich auch nicht ausreichen. Die Festlegung hiefür geeigneter Flächen wird ohne eine übergreifende Stadtentwicklungsplanung kaum zu bewältigen sein. Sollte es zu weiteren ungesteuerten Wanderungsbewegungen aus Osteuropa und der DDR kommen (Destabilisierungsszenario), wird die Wohnraumbeschaffung zu dem alles überragenden stadtpolitischen Thema werden.

5. Die Stadtentwicklung der nächsten zehn Jahre wird vor steigenden Problemen stehen, eine soziale Integration innerhalb der Stadt zu gewährleisten. Der Anteil ausländischer oder neu zugezogener und zunächst fremder Übersiedlerbevölkerung

wird weiter zunehmen. Die Spaltung zwischen Gewinnern und Verlierern der Wirtschafts- und Arbeitsmarktentwicklung der letzten zehn Jahre (Zweidrittel-Gesellschaft) wird sich durch eine neue "Unterklasse" der Zuwanderer und Schwarzarbeiter eher verschärfen. Trotz gleichzeitig bestehendem Facharbeitermangel wird das hohe Arbeitsplatzdefizit durch weitere Zuwanderung auch unter Bedingungen guten Wirtschaftswachstums nur schwer abzubauen sein. Insbesondere längerfristig Arbeitslose werden nach wie vor kaum Chancen haben, zurückzukommen in den Arbeitsmarkt. Umfangreiche zusätzliche Programme der beruflichen Qualifizierung werden diese Probleme des gespaltenen Arbeitsmarkts bei nach wie vor hohem Arbeitsplatzdefizit jedenfalls mildern können. Es wird deshalb zunehmend wichtiger, nicht nur Arbeitsplätze, sondern vor allem Arbeitskräfte zu fördern.

Kulturelle Vielfalt zu fördern, muß ein stadtpolitisches Ziel aus eigenem Recht sein.

Schließlich wird eine zunehmende Differenzierung von Lebensstilen und Lebensvorstellungen in der Stadt die Stadtentwicklungspolitik vor die Aufgabe stellen, Pluralität und Vielfalt nicht nur zu akzeptieren, sondern mit ihr konstruktiv umzugehen. Weiterbildungspolitik, aber auch eine breitere Kulturpolitik bekommen deshalb eine zusätzliche Bedeutung. Kultur darf nicht nur als Instrument für die Aufwertung des Wirtschaftsstandorts und zum Mithalten bei der Städtekonkurrenz verstanden werden. Kulturelle Vielfalt zu fördern, muß ein stadtpolitisches Ziel aus eigenem Recht sein, wenn man so will, als das beste "Durchblutungsmittel" für eine Stadt, die unterschiedliche Lebensformen und Kulturen in sich aufnimmt und nicht etwa vergreisen will.

Diese Anforderungen sind jede für sich – vor allem aber in ihrer Kombination – eine Herausforderung für eine vernetzte übergreifende Stadtentwicklungspolitik.

Neue Formen der Organisation und Verfahren einer übergreifenden Stadtentwicklungsplanung werden deshalb noch viel dringender nötig als in den Phasen der stagnierenden und schrumpfenden Stadt. Wir brauchen Arbeitsformen, die die arbeitsteiligen Strukturen von Verwaltung, politischen Parteien,

Parlament und Verbänden ergänzen und aufheben. Das Nebeneinander sektoraler fachpolitischer Konzepte für Einzelfelder, wie Beschäftigungspolitik, Wohnen, Hafen, Kultur oder Landschafts- und Naturerhalt, ist nicht mehr ausreichend.

Die Stadtentwicklungspolitik kann Auswahl und Entscheidungsmöglichkeiten – trotz der eingrenzenden Rahmenbedingungen durch die nationale Politik – nur dann in ausreichendem Maße zurückgewinnen, wenn vernetzte Analysen und Planungen erstellt werden.

Neue Formen der Organisation und Verfahren einer übergreifenden Stadtentwicklungsplanung werden nötig.

Wir brauchen deshalb neue und zum Teil alternative Prognosen und daraus abgeleitete Entwicklungsszenarien. Wir brauchen ein Herausarbeiten der Zielkonflikte zwischen den einzelnen Politikfeldern, aber auch der möglichen Synergieeffekte, d.h. der Bereiche, in denen sich Teilziele wechselseitig verstärken können.

Die flächenbezogene Entwicklungsplanung ist nur ein Teilausschnitt dieser übergreifenden Stadtentwicklungspolitik. Sie soll in dem folgenden Abschnitt dieses Referats als Beispiel zur Verdeutlichung des Vorgehens und der dafür erforderlichen Ziel-, Organisations- und Verfahrensänderungen näher dargestellt werden.

Eine neue Stadtentwicklungsplanung für Hamburg – am Beispiel der flächenbezogenen Stadtentwicklungsplanung

Die flächenbezogene Stadtentwicklungsplanung ist unter den Bedingungen einer starken Wachstumsdynamik besonderen Anforderungen ausgesetzt. Die Ansprüche an diese Planungsebene steigen mit jedem Jahrzehnt, da das Stadtwachstum bei begrenzter Fläche in einem Stadtstaat immer mehr Siedlungsflächen in Anspruch nimmt – zu Lasten von Freiraum, Natur und Landschaft. Selbst die in Bevölkerungs- und Beschäftigungszahl schrumpfende Stadt hat seit 1970 eine steigende Inanspruchnahme von Fläche mit sich gebracht. Dies hat mehrere Ursachen:

1. Die Wohnungsbaufläche stieg trotz eines Rückgangs der Bevölkerung (1970–1986 um 220.000 Einwohner). Hauptursache waren die höheren Wohnflächenansprüche der einkommensstärkeren Schichten und die starke Zunahme von kleineren Haushaltsgrößen, insbesondere Einpersonenhaushalten.

2. Zirka 30 ha mehr Gewerbefläche pro Jahr wurden trotz des Abbaus von über 130.000 Arbeitsplätzen allein vom warenproduzierenden Sektor zwischen 1970 und 1987 beansprucht. Ursachen hiefür sind sowohl der langsame Rückzug aus nicht mehr genutzter Gewerbefläche wie auch der steigende Quadratmeterbedarf pro Arbeitsplatz in Gewerbe, Handel und im Dienstleistungsbereich.

3. Auch die Hafenfunktionen nehmen zunehmend mehr Flächen in Anspruch trotz der Tatsache, daß das Umschlagsvolumen insgesamt 1987 kaum höher lag als 1970. Beigetragen hierzu hat der Funktionswandel des Hafens (weniger Massengutumschlag, rapider Anstieg des Containerumschlags und entsprechend ein höherer Bedarf an Lager- und Distributionsfunktionen, die der Hamburger Hafen abwickelt, aber auch der enorme Flächenbedarf für die Behandlung und Lagerung von Hafenschlick.

4. Mehr Flächen für Verkehr, Abfallwirtschaft und eine breite Palette weiterer öffentlicher Infrastruktur.

5. Zunahme der wegen schwerwiegender ökologischer Altlasten dauerhaft für andere Nutzungen blockierten Flächen. Das Wissen um derartige Flächen, die aufgrund unverantwortlichen Umgangs mit Abfall (alte Deponien) oder gesundheitsschädlicher gewerblicher Produktionen eine sehr teure Sanierung erfordern, hat in den letzten Jahren zugenommen. Solche Flächen bleiben meist aus technischen und finanziellen Gründen für sehr lange Zeit für jede andere Nutzung blockiert.

Fläche ist nicht vermehrbar, insbesondere sind Natur und Landschaft, wenn sie einmal in Anspruch genommen sind, auf Dauer – ökologisch gesehen – verbaut. Der erwartete Boom der nächsten Jahre wird in dreifacher Weise zusätzlich Flächen in Anspruch nehmen und deshalb die Konflikte zwischen Freiraum- und Naturerhalt auf der einen Seite und Ausweitung der bebauten Stadt auf der anderen Seite wesentlich verschärfen. Dies wird die Konflikte, die die flächenbezogene Planung zu bewältigen haben wird, deshalb noch einmal wesentlich steigern:

Der schon eingetretene – und vor allem der durch die möglichen weiteren Wanderungs- und Flüchtlingsentwicklungen für die nächsten Jahre erwartete – Bevölkerungsanstieg wird den Flächenbedarf für zusätzlichen Wohnungsbau noch über die derzeit geplanten 20.000 Wohnungen bis 1995 erhöhen. Das gleiche gilt für den bei wachsender Wohnbevölkerung erforderlichen Ausbau von Infrastruktur und Ver- und Entsorgung.

Der erwartete Boom wird die Konflikte zwischen Freiraumerhalt und Bedarf an Bauflächen verschärfen.

Neben dem Wachstum von Metropolen- und Dienstleistungsfunktionen, die in der Regel nicht zwangsläufig Natur und Landschaft beeinträchtigen, wird es auch eine erhebliche zusätzliche Nachfrage nach Gewerbeflächen geben. Hierfür gibt es zunächst zwar ausreichend Flächen (ca. 340 ha), die jetzt schon planerisch festgestellt sind oder in nächster Zeit in diesem Sinne gewidmet werden.

Zukünftige Nachfrage wird allerdings zu erheblichen Konflikten zwischen Freiraumerhalt und Gewerbeflächenbedarf führen. Mehr Erwerbspersonen infolge steigender Bevölkerung bedingen einen Anstieg auch der Arbeitsplatzzahl im produzierenden Sektor. Außerdem steigt der Flächenanspruch pro neuem Arbeitsplatz im produzierenden Sektor als Folge höherer Maschinenintensität und Ausstattung der Arbeitsplätze.

Zu erwarten aber ist vor allem ein überproportionales Wachstum der klassischen Hafen-, Lagerhaltungs- und Handelsfunktionen Hamburgs. Diese sind in besonderem Maße flächenbeanspruchend. Hafen- und Handelsstadt zu sein, bedeutet, Einkommen und Arbeitsplätze auf eine sehr flächenverbrauchende Weise zu erwerben.

Dies ist in Hamburg deshalb besonders stark ausgeprägt, weil mit der Aufrechterhaltung der Wettbewerbsfähigkeit des Hafens die Anlage von Spülfeldern für giftigen Hafenschlick und seine Ablagerung verbunden ist, die allein über 400 ha

Fläche beansprucht, d.h. mehr Fläche als die gesamte bis 1993 verfügbare städtische und private Flächenreserve für Gewerbe und Industrie.

Die Ausdehnung der Hafen- und Handelsfunktionen wird jedoch auch zu einem erheblichen zusätzlichen Verkehrsaufkommen, insbesondere einem Zuwachs an Lkw-Verkehr führen. Das Handels- und Distributionszentrum Hamburg steht neben der leichter zu bewältigenden Zunahme von Büroarbeitsplätzen vor erheblichen Belastungen durch zusätzlichen Flächenverbrauch und Lkw-Verkehr für diese Funktionen, wenn diese nicht in Art und Ausmaß stärker als in der Vergangenheit gesteuert werden.

Eine Strategie qualitativen Wachstums erfordert eine grundsätzliche Überarbeitung der Planungen, insbesondere für Stadtrandgebiete.

Der Flächennutzungsplan in Hamburg von 1973 gibt zur Lösung dieser in Zukunft sich verschärfenden Zielkonflikte keine heute noch akzeptierten Antworten. Da der Flächennutzungsplan seit 1973 nur anlaßbezogen überarbeitet wurde, ansonsten aber auf dem Wissensstand und dem Konsens der Wachstumsannahmen der frühen siebziger Jahre beruht, sieht er ein Ausmaß des städtischen Wachstums vor, das heute nicht mehr so realisiert werden kann: ca. 800 ha für Gewerbe/Industrie und ca. 1.200 ha für zusätzlichen Wohnungsbau – also für ca. 30.000 zusätzliche Wohneinheiten.

Ein Wachstum der umbauten Stadt in diesem Ausmaß steht nicht mehr im Einklang mit den zum Teil erst in den letzten Jahren deutlich gewordenen ökologischen Zwängen (Klima, Wasserhaushalt, Natur- und Artenschutz), das Stadtwachstum zu begrenzen. Dies widerspräche auch den immer stärker gewordenen Bedürfnissen breiter Bevölkerungsgruppen, Freiraum, Natur- und Erholungsflächen im stadtnahen Bereich zu erhalten oder gar auszubauen. Denn die Bevölkerung geht von den heute bebauten Flächen aus und fordert eher ein Mehr an ökologischer Stadtqualität. Der Flächennutzungsplan ist insofern nicht von einem heute noch aktuellen Konsens getragen. Er steht nicht im Einklang mit einer Strategie qualitativen Wachstums, die im wesentlichen bedeutet: Raum und Lebensqualität für mehr Bevölkerung und mehr urbane Nutzungen zu bieten, ohne dafür Stadtqualität (Freiraum, Lebensqualität und Übersichtlichkeit der Stadt) zu opfern.

Für die zu erwartenden zusätzlichen Flächenansprüche ist der derzeitige Flächennutzungsplan deshalb nicht mehr handlungsanleitend. Erforderlich ist eine grundsätzliche, der aktuellen Abwägung unterschiedlicher Anforderungen an die Stadt angepaßte Überarbeitung. Diese ist für die Stadtbereiche am dringendsten, wo die Diskrepanz zwischen früheren Festlegungen für Gewerbe, Industrie oder Wohnen und dem heute akzeptablen Ausmaß an Stadtanbau am stärksten ist. Man wird dabei nicht umhin kommen, eine vergleichende stadtökonomische und fiskalische Bewertung der konkurrierenden Nutzungsansprüche an den Stadtraum (Wohnen, Freizeit, Hafen, Gewerbe, Dienstleistungssektor . . .) vorzunehmen und auch neue Obergrenzen bzw. Prioritäten zu bestimmen. Dies betrifft besonders die äußeren Stadtbereiche – gerade auch Harburg, den Bereich, in dem ich arbeite, aber auch Bezirke wie Bergedorf und Teile von Wandsbek – stärker als die Stadtgebiete, die weitgehend umbaute und fertige Stadt sind.

Defizite flächenbezogener Stadtentwicklungsplanung in Hamburg

Hamburg ist auf diese sich drastisch verschärfenden Anforderungen an die flächenbezogene Stadtentwicklungsplanung – wie andere Großstädte auch – schlecht vorbereitet. Anspruchsvolle Ansätze einer langfristigen Aufgabenplanung und entsprechende Flächenplanungen wurden Anfang der achtziger Jahre fallengelassen oder nur noch lieblos weitergeführt. Dies geschah einmal deshalb, weil aufgrund der veränderten ökonomischen Bedingungen die in diesen Planungen enthaltenen Wachstumsannahmen nicht mehr realistisch und akzeptabel schienen. Es geschah jedoch auch – soweit es um die allgemeine Aufgabenplanung ging –, weil mit jeder zusätzlichen Abstimmungsrunde der Aussagegehalt dieser Planungen reduziert wurde und sie deshalb am Ende für die Politik nicht mehr relevant und handlungsanleitend waren. Die Folge war ein Fallenlassen übergreifender Planungsansprüche und damit auch ein Rückfall auf nebeneinanderstehende ressortbezogene Einzelplanungen. Deren Addition aber ergibt noch kein übergreifendes Stadtentwicklungskonzept. Auch in der für die Stadtentwicklungsplanung zentralen flächenbezogenen Planung wurden Arbeitskapazität und Zeitbudget der Beteiligten immer mehr auf Einzelfallentscheidungen konzentriert. Dies führte jedoch zu einem Teufelskreis, aus dem nur durch eine grundlegende Verwaltungsreform ein Ausweg zu finden ist: Das Fehlen einer akzeptierten übergreifenden aktualisierten Entwicklungsplanung führte dazu, daß immer häufiger ungelöste – weil nur durch eine aktualisierte Entwicklungsplanung zu lösende – Grundsatzkonflikte sich zunehmend in die laufenden Einzelplanverfahren verlagerten. Dies galt insbesondere für inhaltliche wie formale Konflikte zwischen Bauleitplanung und Landschaftsplanung. Diese waren mit Entscheidungsbedarf überfrachtet und haben durch ihren hohen Zeitverbrauch die Arbeitskapazität und Aufmerksamkeit blockiert, die zur Erarbeitung einer aktualisierten, rahmensetzenden neuen Entwicklungsplanung erforderlich gewesen wären. Zusätzlich führte das Fehlen einer aktuellen Entwicklungsplanung dazu, daß die Delegierung der Verantwortung für die Bebauungs- und Grünordnungspläne an die Bezirke immer wieder hinausgeschoben wurde. Ohne die im folgenden vorgeschlagenen strukturellen Veränderungen, d.h. ohne chirurgische Eingriffe, ist ein Ausweg aus dieser blockierten Situation nicht zu erwarten.

Entsprechend groß ist der jetzt anstehende Überarbeitungsbedarf angesichts neuer Herausforderungen für die Stadtentwicklungsplanung:

1. Der Flächennutzungsplan von 1973 ist, wie oben dargestellt, überholt.

2. Die seit 1978 installierte Landschaftsplanung war lange Zeit unterausgestattet. Deshalb ist das in Arbeit befindliche Landschaftsprogramm noch nicht fertiggestellt und es fehlt bislang auch an der unvermeidlichen planerischen Auseinander-

setzung zwischen den erwarteten Aussagen des entstehenden Landschaftsprogramms (Landschaftsachsenmodell) mit dem Flächennutzungsplan.

3. Fertige Programmpläne und Landschaftsrahmenpläne bestehen nur für einige Teilbereiche der Stadt.

4. Vor allem fehlt ein alle Politikfelder übergreifendes Stadtentwicklungskonzept, das den dargestellten Anforderungen genügt, und eine daraus abgeleitete flächenbezogene Stadtentwicklungsplanung. Dies müßte auch eine aktualisierte Verkehrsentwicklungsplanung und entsprechende Ordnungspläne mit aufnehmen und integrieren. In all diesen Bereichen fehlen derzeit wichtige Vorarbeiten und institutionelle Voraussetzungen. Nur wenn dies geleistet wäre, ließe sich hieraus eine Neufassung des Flächennutzungsplanes ableiten und entwickeln.

Moderne Stadtentwicklung erfordert eine der Bauleitplanung übergeordnete Planungsebene.

Entwicklungsplanung als neue Ebene flächenbezogener Planung

Die Stadtentwicklung unter den Bedingungen von Boom und steigenden Zielkonflikten zwischen unterschiedlichen Anforderungen an den Stadtraum erfordert es, der verbindlichen Bauleitplanung eine neue Planungsebene, nämlich eine Entwicklungsplanung neuen Typs überzuordnen. Sie kann und muß flexibler angelegt sein als Flächennutzungsplan und Landschaftsprogramm, d.h. in kürzeren Abständen fortgeschrieben werden. Sie muß angeleitet werden von einer jeweils aktualisierten, der Wettbewerbsposition der Stadt entsprechenden "stadtökonomischen Strategie". Denn eine mittelfristig angelegte Entwicklungsplanung schwebt im luftleeren Raum, wenn sie nicht konkrete Aussagen darüber enthält, welche ökonomischen und fiskalischen Ziele und welche Chancen für ihre Realisierung die Stadt sieht. Unter stadtökonomischer Strategie ist deshalb mehr gemeint als nur eine Status-quo-fortschreibende Prognose.

Eine jetzt einsetzende Entwicklungsplanung müßte z.B. andere Ziele zugrunde legen, als es noch bei der Entwicklung der "Standortpolitik" des Senats Mitte der achtziger Jahre geschah. Die Standortpolitik hatte das zentrale Ziel, auf zahlreichen Ebenen der Stadtpolitik die für die Position Hamburgs im Städtewettbewerb wichtigen Punkte konzentriert zu verbessern. Dies ist keinesfalls identisch mit einer Entwicklungsplanung, wie sie jetzt – in einer (nicht zuletzt wegen der Standortpolitik) deutlich verbesserten Wettbewerbsposition der Stadt – erarbeitet werden müßte.

Die Entwicklungsplanung sollte für ganz Hamburg die Grundsätze flächenbezogener Planung, die zentralen Standorte und verkehrlichen Belange in der Methode analog zum Entwicklungsmodell Anfang der siebziger Jahre darstellen. Auch Ordnungspläne und eine neue Verkehrsentwicklungsplanung müssen in diese Überlegungen einbezogen werden. Die Entwicklungsplanung muß besondere Anforderungen in drei Bereichen erfüllen, in denen das bisherige Fehlen einer solchen Planung zu deutlichen Defiziten geführt hat:

1. Eine frühzeitige Austragung der inhaltlichen wie methodischen Konflikte zwischen den Expansions- und Bauinteressen auf der einen Seite und den Interessen des Landschafts- und Naturerhalts auf der anderen Seite. Auf dieser Ebene ist es deshalb zwingend, die bisher nicht nur im Verfahren, sondern auch organisatorisch getrennten Planungsebenen zusammenzufassen – ohne daß dies zu einer Schwächung oder gar Abwertung der Landschaftsplanung führen darf.

2. Die Hafenentwicklungsplanung muß in eine derartige gesamtstädtische Entwicklungsplanung eingebunden werden. Bislang ist der Hafenentwicklungsplan die einzige Ebene integrierter Entwicklungsplanung in Hamburg und hat schon deshalb, weil er ohne Konkurrenz ist, eine hohe Durchschlagskraft. Er wird jedoch isoliert für den Hafen und sein Funktionieren erarbeitet; andere stadtplanerische, ökonomische und ökologische Ziele der Stadt finden nur als externe Restriktionen Eingang in in diese Planungsebene. Dies wird in Zukunft nicht ausreichen. Die Frage, wie weitgehend, in welche Richtung und mit welchen ökonomischen Schwerpunkten zusätzliche Fläche für Hafenfunktionen in Anspruch genommen werden muß, sowie

die Frage, wie mit den brachliegenden Hafenflächen zu verfahren ist, müssen Gegenstand einer gesamtstädtischen, ökonomischen und stadtplanerischen Entwicklungsplanung werden.

3. Der dritte Schwerpunkt liegt darin, daß die Stadtplanung grenzüberschreitend angelegt werden muß und mit einer neu zu erarbeitenden Regionalplanung für Hamburg und sein Umland zu verknüpfen ist.

Eine solche in wesentlichen Punkten umschriebene Entwicklungsplanung zügig zu beginnen, ist lohnender, als eine Priorität auf die vollständige Neufassung des Flächennutzungsplans zu legen, der anders als die vorgeschlagene Entwicklungsplanung auch anderen rechtlichen Regeln für seine Überarbeitung, Erörterung und Beschlußfassung durch die Bürgerschaft unterliegt. Für den Flächennutzungsplan empfiehlt sich zunächst eine "rollierende" abschnittsweise Überarbeitung für Teilbereiche.

Schaffung einer Stadtentwicklungsbehörde

Die Erarbeitung einer an den aktuellen gesamtstädtischen Interessen und Konflikten orientierten Stadtentwicklungsplanung erfordert zwingend auch neue organisatorische Lösungen: die Schaffung einer Stadtentwicklungsbehörde, die Landschaftsplanung und Bauleitplanung auf der Fachbehördenebene zusammenfaßt. Diese Behörde hätte als Hauptaufgabe die Erstellung einer Entwicklungsplanung. Dies setzt voraus, daß sie auch koordinierend und moderierend zwischen den staatlichen Trägern und privaten Gruppen und Institutionen tätig wird. Die Steuerung und Moderation von Stadtentwicklung als Prozeß wäre stärker als in der Vergangenheit eine zentrale zusätzliche Anforderung an diese Behörde. Der zweite gegenüber der Vergangenheit neue Schwerpunkt läge in einer übergreifenden Regionalplanung in Abstimmung mit dem Hamburger Umland und den Landesregierungen.

Umgekehrt muß die Federführung für die Bauleitpläne und Grünordnungspläne auf die Bezirke verlagert werden. Hier eine

Resultatsverantwortung zu begründen, ist ein wichtiges Ziel der vorgesehenen Verwaltungsreform. Die Stadtentwicklungsbehörde muß jedoch bei gesamtstädtisch relevanten Plänen über die entsprechenden Steuerungsinstrumente verfügen, um gerade in der Phase bis zum Einleitungsbeschluß dieser Pläne aus gesamtstädtischer Sicht mitwirken zu können.

Neue Ziele und Prioritäten

Da es weder wünschenswert noch durchsetzbar wäre, die wirtschaftliche Expansion und Mehrbeschäftigung, die mit der Entwicklungsdynamik der neunziger Jahre für Hamburg verbunden sein kann, grundsätzlich zu bremsen, nimmt mit jedem zusätzlichen Arbeitsplatz, mit jedem Lkw und jeder zusätzlichen Wohnung der Zwang zu, das erwartete Wachstum in Ausmaß und Richtung zu lenken. Dies erfordert:

1. den erforderlichen Stadtanbau möglichst umweltschonend vorzunehmen;
2. die Flächenvergabe für gewerbliche Zwecke gezielter nach stadtwirtschaftlichen Kriterien zu steuern;
3. zu verhindern, daß die Aufwertung der Kernstadt zu einer städtebaulichen und ökologischen Abwertung der für die mittelfristige Entwicklung und Attraktivität der Stadt wichtigen äußeren Stadtgebiete führt. Diese Gefahr besteht dann, wenn diese zu Auffangstandorten für, aus zentraler Lage verdrängte, unterwertige und belastende Nutzungen werden;
4. ein qualitatives Wachstum der Metropole Hamburg dadurch zu ermöglichen, daß über eine intensivere Regionalplanung und neue Vertragsgemeinschaften eine neue Funktionsteilung mit dem Umland geschaffen wird, von der beide Seiten profitieren können.

Diese vier zentralen Prioritäten sind um so drängender, aber auch durchsetzbarer, je stärker und länger anhaltend das Wachstum von Wirtschaft, Arbeitsplätzen und Bevölkerung in der Stadt ausfällt. Sie sind nur in Kombination miteinander sinnvoll umsetzbar und finanzierbar.

Flächenrecycling vor Landschaftsverbrauch

Es muß unser Ziel sein, brachliegende und auch untergenutzte Flächen und Gebäude wieder neuen Nutzungen zuzuführen. Dies gilt selbstverständlich für den Wohnungsbau, insbesondere für eine aktive Stadterneuerung und Baulückenschließung, vor allem aber für gewerbliche Nutzungen, die in der Stadt in Zukunft einen erhöhten Flächenbedarf haben werden. Nur so kann das zu erwartende und erwünschte zusätzliche wirtschaftliche Wachstum bewältigt werden, ohne im gleichen Maße zusätzlichen Landschaftsverbrauch, Versiegelung und Zersiedelung zu fördern. Zwar hat die Stadt derzeit ca. 340 ha bis 1993 verfügbare Gewerbefläche entweder gesichert oder im laufenden Planverfahren vorgesehen. Dies wird auch bei ca. 30 ha jährlicher Flächenbeanspruchung für Gewerbe für mehrere Jahre reichen. Unter Boombedingungen wäre die Stadt jedoch ohne weitere Flächenreserven bald blockiert, soweit es um neue wirtschaftliche Schwerpunkte und die dafür auch erforderliche Flächenangebotspolitik geht. Da aber die weiteren gewerblichen Flächenreserven nach dem Flächennutzungsplan (ca. weitere 540 ha) in ihrer Inanspruchnahme entweder sehr negative ökologische Konsequenzen hätten oder zu umfangreichen Verlagerungen bzw. Nutzungskonflikten führen würden, kann auf sie mittelfristig nur in begrenztem Umfang zurückgegriffen werden.

Unter diesen Bedingungen kann eine der wirtschaftlichen Expansion entsprechende Flächenangebotspolitik mittelfristig nur durch eine viel stärkere Reaktivierung von sonst brachliegenden oder untergenutzten Flächen gesichert werden. In Städten wie Hamburg mit einem starken Strukturwandel in Hafenwirtschaft, Industrie, Gewerbe und Verkehr gibt es solche Flächen in erheblichem Umfang. Allein im Hafenbereich sind es mehr als 200 ha, für den Rest des Stadtgebietes dürften es – private Flächen eingerechnet – meines Erachtens deutlich mehr als die 43 ha sein, die kürzlich von der Baubehörde aufgelistet wurden. Brachliegende Flächen umfassen öffentliche wie bislang private Gewerbeflächen, die ungenutzt sind, ebenso wie ungenutzte ehemalige Bundesbahn- und Hafenflächen. Auch in der Zukunft wieder nutzbare Flächen von Spülfeldern müssen mit einbezogen werden. Dies geschieht marktmäßig nur dann, wenn höherwertige Nutzungen mit entsprechender Ertragskraft als Interessenten für brachliegende und meist mit Altlasten behaftete Grundstücke auf den Plan treten. In solchen Fällen kann Flächen- und Gebäuderecycling auch rein privatwirtschaftlich bewältigt werden.

Das Ziel, zusätzlichen Landschaftsverbrauch soweit wie möglich zu begrenzen, erfordert von der Stadt in Zukunft wesentlich mehr Vorleistungen, um das Ausmaß und die Geschwindigkeit von Flächenrecycling deutlich zu verbessern. Dies betrifft sowohl die für Altlastensanierung erforderlichen Analysen und Verfahren als auch die hierfür erforderliche Kooperation mit privaten Grundstückseigentümern. Es erfordert auch eine aktive Ankaufspolitik und neue Organisationsformen zur Entwicklung größerer un- oder untergenutzter Gewerbegebiete. Neue Instrumente und Verfahren, wie die Einrichtung eines Grundstücksfonds und die Gründung von Entwicklungsgesellschaften sind hierfür erforderlich.

Umweltschonendes und flächensparendes Bauen

Ebenso wichtig ist es, daß zusätzlicher Stadtanbau, soweit er auf bisherigen Freiflächen stattfinden muß, stärker als in der Vergangenheit flächensparend und umweltschonend erfolgt. Dies gilt für gewerbliche Bauten und in noch stärkerem Maße für den neuen Wohnungsbau. Oberflächenentwässerung, hohe Grünanteile, ökologische Energiegewinnung und geringer Versiegelungsgrad müssen zukünftigen Wohnungsbau wie Gewerbebau prägen. Im Gewerbebau bieten sich Nutzungskonzeptionen zur Nachverdichtung von Gewerbegebieten und zum flächensparenden Bauen an. Im Wohnungsbau sind Konzepte des verdichteten Flachbaues als Alternative zu den Großwohnanlagen einerseits und Einzelhausgebieten andererseits vorzusehen.

Erhalt von Freiflächen: Umweltverträglichkeitsprüfung und ökologische Preissysteme

Das charakteristische Erscheinungsbild von Hamburg ist durch Landschaftsgebiete geprägt. Hamburg ist eine grüne Stadt am Wasser mit Parks, Gärten, Wäldern, Elbmarschen und zahlreichen Freiflächen. Aufgabe ist es, die historischen landschaftlichen Vorgaben und künstlich geschaffenen Landschaftsräume zu bewahren und weiterzuentwickeln. Freiräume und ökologische Ausgleichsflächen sind gegenüber expansiven Nutzungsinteressen auch unter Boombedingungen zu sichern. Erforderlich hierfür sind:

1. die rasche Fertigstellung des in Arbeit befindlichen Landschaftsprogramms und daraus abgeleitete Landschaftspläne;
2. die Entwicklung des zusammenhängenden Freiraumsystems unter Einschluß der bewährten Grünringe sowie bezirks-, stadt- und ortsteilbezogener Parkanlagen und der Freiflächen im Umfeld von Wohnen und Arbeit;
3. die Sicherung der Funktion des Grünverbundsystems für ökologische Aufgaben, wie Klimaverbesserung, Stabilisierung des Wasserhaushalts, Bodenschutz sowie Biotop- und Artenschutz.

Diese Ziele werden nur umsetzbar sein, wenn die dafür geeigneten Instrumente konsequenter als in der Vergangenheit eingesetzt werden. Für große Projekte wird in Zukunft eine vorgeschaltete Umweltverträglichkeitsprüfung erforderlich sein. Wesentlich verbessert werden muß auch das Verfahren zur Festlegung von ökologischen Ersatz- und Ausgleichsmaßnahmen bei Eingriffen in Natur und Landschaft. Sollten Eingriffe in diese auch in Zukunft erforderlich werden, müssen die nach dem Naturschutzgesetz vorgesehenen ökologischen Ausgleichs- und Ersatzmaßnahmen tatsächlich geltend gemacht und umgesetzt werden. Dies wird notwendigerweise zu einer Verteuerung derartiger Flächen führen und folgt so der generellen Philosophie einer ökologischen Marktwirtschaft, mehr Umweltschutz über "grüne Preissysteme" zu sichern. So allein kann sichergestellt werden, daß Boden ähnlich wie Luft oder Wasser nicht kostenloses Gut bleibt. Nur so ist auch zu erreichen, daß Flächen, deren Wiedernutzung eine Altlastensanierung bzw. Verlagerung von unterwertigen Nutzungen erfordert, preislich in Konkurrenz treten können zu den in der Vergangenheit meist vom Bodenwert her viel preiswerteren, aber ökologisch wertvollen Freiflächen. Eine Verbesserung der gesetzlichen Regelungen, vor allem aber eine überfällige Klärung ihrer Anwendung zwischen den Behörden, ist zur Erreichung dieser Ziele unverzichtbar. Grüne Preissysteme führen auch zu fiskalisch und stadtwirtschaftlich vertretbaren Konsequenzen, wenn der Einsatz derartiger ökologischer Ausgleichs- und Ersatzzahlungen anders organisiert ist als bisher. Vorzusehen wären:

Boden darf, wie Luft oder Wasser, nicht als kostenloses Gut betrachtet werden.

1. die ökologischen Ausgleichs- und Ersatzkosten soweit wie möglich einzubeziehen in die Grundstückspreise;
2. eine Fondslösung zu entwickeln, um ökologische Ausgleichszahlungen aus verschiedenen "Eingriffen" zu sammeln und gebündelt einzusetzen für Schwerpunktbereiche ökologischer Aufwertung in der Stadt;
3. ökologische Ausgleichszahlungen entsprechend auch zur Finanzierung von Altlastensanierung auf öffentlichen Flächen bzw. zur Mitfinanzierung der ökologisch sinnvollen Extensivierung der Landwirtschaft, z.B. in den Elbmarschgebieten, vorzusehen.

Ressourcenschonung durch neue Ver- und Entsorgungsplanung

Mehr Wirtschafts- und Bevölkerungswachstum und steigender Wohlstand verschärfen die Ver- und Entsorgungsprobleme Hamburgs beim Gewässerschutz, bei der Wasserversorgung und bei der Abfallbeseitigung. In allen drei Bereichen sind wir deshalb in Zukunft erst recht gefordert, Lösungen zu finden, die unsere Umwelt weniger belasten, und die natürlichen Ressourcen für die Zukunft zu sichern.

Hierzu gehören u.a.: die Ausweisung von Trinkwasserschutzgebieten; die Vermeidung von Belastungen durch Ablagerungsflächen; verstärkte Grundwasserneubildung durch Anlage von getrennter Abwasserentsorgung; Maßnahmen zur Wassereinsparung durch vorhandene und zu entwickelnde wassersparende Technologie.

Besondere Bedeutung bekommt in einer wachsenden Stadt eine zügige und konsequente Umsetzung der ökologischen Abfallwirtschaft:

1. möglichst weitgehende Vermeidung von Abfällen, Verwertung von unvermeidbaren Abfällen (was ohne bundesrechtliche Vorgaben nur begrenzt Erfolg haben kann);

2. getrennte Sammlung der anfallenden Wertstoffe und Problemstoffe, sowie die Kompostierung von organischen Abfällen.

Selektivere Auswahl wirtschaftlicher Nutzungen unter stadtwirtschaftlichen Kriterien

Bei lang anhaltendem und nachdrücklichem Wachstum sowohl der Wirtschaft wie der Wohnbevölkerung wird die zunehmende Flächenknappheit (trotz notwendiger Reaktivierung von Brachflächen) mittelfristig nicht ausreichen, alle zusätzlichen Flächenansprüche für Gewerbe in der Stadt zu befriedigen. Zum Teil wird dies durch Marktmechanismen reguliert:

Je stärker der Boom, desto höher die Bodenwerte. Je teurer neue Flächen durch Zusatzkosten für Altlastensanierung oder ökologischen Ausgleich werden, desto stärker wird das allgemeine Preisniveau steigen. Nutzungen mit niedriger Ertragskraft und hohem Flächenverbrauch werden deshalb stärker als in den letzten Jahren darauf angewiesen sein, Flächen im Umland zu suchen. Dies gilt für solche Nutzungen, die nicht zwingend darauf angewiesen sind, zentrums- und kundennah angesiedelt zu sein. In der Vergangenheit wurde dieser Marktmechanismus über die städtische Vergabe von Flächen im Wege der Wirtschaftsförderung teilweise korrigiert. Dies wird bei starkem Wachstumsschub in Zukunft nicht mehr im gleichen Ausmaß möglich und sinnvoll sein. Die Flächenvergabe durch die

Stadt kann und muß unter solchen Bedingungen selektiver vorgenommen werden.

Anders als zu Zeiten der Stagnation und einer schlechten Position im Städtewettbewerb müssen unter solchen Bedingungen nicht alle Wirtschaftsbetriebe in Hamburg gehalten werden. Die "Standortpolitik" damals hatte andere Ausgangsbedingungen. Sie war gezwungen, weniger selektiv vorzugehen. In Zukunft müssen stärker stadtwirtschaftliche Maßstäbe zur Geltung kommen, wie: Grad der Wertschöpfung und Arbeitsplatzintensität, Angewiesenheit auf innerstädtische Lage und mögliche Synergieeffekte. Stärker als in der Vergangenheit wird es deshalb unvermeidlich, daß Firmen mit hohen Flächenansprüchen, aber niedriger Arbeitsplatzintensität und Wertschöpfung sich stärker als bisher im Hamburger Umland oder aber auch (soweit mit der Hafenwirtschaft verflochten) auf den großen Flächenreserven des Hafengebiets ansiedeln.

Dies gilt für solche wirtschaftliche Nutzungen, die zwar insgesamt in der Wirtschaftsregion Hamburg vertreten sein müssen, bei denen es aber nicht unverzichtbar ist, daß sie auch in Zukunft auf den knapper werdenden Gewerbeflächen innerhalb der Stadt Berücksichtigung finden. Damit kann auch erreicht werden, daß die Wirtschaftsförderung genug Flächen für kleinere Betriebe (insbesondere aus dem Sektor des Handwerks) verfügbar behält, für die in der Regel die Kundennähe und Fühlungsvorteile der Stadt besondere Bedeutung haben.

Zugleich muß die Flächenvorsorge über Planung und die entsprechende Bilanzierung der Flächenreserven der Stadt für Arbeitsplätze den veränderten wirtschaftlichen Entwicklungen und Bedarfen angepaßt werden:

Es gibt immer mehr Firmen, die eine Kombination von wirtschaftlichen Aktivitäten aufweisen, wie z.B. Produktion, Reparatur, Service, Vertrieb, Lagerung, Beratung etc. Bei diesen Betrieben besteht durchaus die Möglichkeit, bei Expansionen oder der Suche nach neuen Flächen zwischen traditionellen Gewerbegebieten oder anders ausgewiesenen Gebieten mit Mischcharakter zu wählen. Eine reine Gewerbeflächenbilanz im planungsrechtlichen Sinne greift deshalb zu kurz. Richtig wäre deshalb, für die städtische Entwicklungsplanung Flächenbilanzen zu erstellen, die für ein breiteres Spektrum kombinierter Arbeitsplätze Arbeitsstättenflächen vorsehen.

Andererseits muß die flächenbezogene Wirtschaftsförderung auch anstreben, die stärkere funktionale Spezialisierung von Gewerbegebieten planerisch gezielt zu fördern. Beispiele einer solchen Spezialisierung, die für bestimmte Betriebe ein passendes Umfeld schafft, sind entstehende Technologie- und Gewerbeparks, aber auch Großhandelszentren, wie z.B. das in Harburg entstehende. Zu diesem Bereich zählen auch größere Güterverteilzentren zur Lenkung des wachsenden Lkw-Verkehrs, die in Zukunft sicherlich nötig werden.

Abbau stadträumlicher Disparitäten: Förderung der B-Seite der Stadt

Eine ökologisch und sozial verantwortliche Steuerung des Entwicklungsbooms in der Stadt erfordert eine vorausschauende Planung für solche Stadtgebiete, die dem Veränderungsdruck und den Nutzungskonkurrenzen in Zukunft am stärksten ausgesetzt sein werden, da sie noch nicht fertige und umbaute Stadt sind. In Abkehr von der Standortpolitik der achtziger Jahre wird es deshalb in Zukunft verstärkt darauf ankommen, die Anstrengungen nicht nur auf die international wettbewerbsfähige Stadt, die City und die Wohngebiete der Mittelschicht (die A-Seite der Stadt) zu lenken. In der Attraktivitätssteigerung der Kernstadt wurde in Hamburg ohne Zweifel in den letzten Jahren viel erreicht. In Zukunft gilt es aber, der B-Seite der Stadt, den noch nicht fertigen und nicht für den internationalen Städtewettbewerb relevanten Stadtteilen größere Aufmerksamkeit zu widmen. Dies ist nicht nur erforderlich, um die bestehenden sozialen Disparitäten in der Stadt und zwischen Stadtteilen abzubauen. Es liegt auch unter stadtwirtschaftlichen und fiskalischen Gesichtspunkten eindeutig im mittelfristigen urbanen Interesse.

Dies gilt für Gebiete in der westlichen inneren Stadt (Karolinenviertel, St. Pauli, Altona) ebenso wie z.B. für Wilhemsburg. Es gilt aber ebenfalls, und das wurde in der Vergangenheit nicht immer klar genug gesehen, für Gebiete der äußeren Stadt in Bezirken wie Bergedorf, Mitte, Wandsbek und insbesondere für den Bezirk Harburg. Gerade hier bedarf es neben Investitionen in die Stadterneuerung und Wohnungsmodernisierung auch zielgerichteter Anstrengungen, um zu verhindern, daß diese für spätere Entwicklungen wichtigen Gebiete als erste Folge des Booms, der zuerst die innere Stadt (z.B. durch neue Bürogebäude) aufwertet, zunächst abgewertet werden: nämlich durch das Vollaufen mit Nutzungen, die die Umfeldqualität städtebaulich und ökologisch negativ prägen.

Negative Effekte des Booms für wirtschaftliche und städtebauliche Standortqualitäten müssen durch stärkere Lenkung verhindert werden.

Denn wenn die entsprechenden Planausweisungen einen großen Spielraum für unterschiedliche Nutzungen geben, droht im schlechtesten Fall, daß diese Gebiete in geballter Form zu Auffangstandorten für Nutzungen wie z.B. Lkw-Autohöfe, Speditionen, Schrottplätze, Baustoffrecycling, Containerlagerung, Getränkegroßhandel, Gebrauchtwagenhändler, Baustoffhandel und Lagerhaltung aller Art werden. Es ist wirtschaftlich notwendig, daß Firmen dieser Ausrichtung in einer Wirtschaftsregion wie Hamburg Standorte finden. Zugleich bedarf es indes einer stärkeren Lenkung ihrer Standortwahl. Dies gilt auch für Standorte der Abfallwirtschaft innerhalb der Stadt, deren steigende Flächenansprüche von der städtischen Planung befriedigt werden müssen.

All diese Nutzungen haben gemeinsam, daß sie in der Regel wenig wertschöpfungs- und arbeitsplatzintensiv sind; meist Lärm und zusätzlichen Lkw-Verkehr mit sich bringen; niedrige Ansprüche an das Umfeld haben, und umgekehrt von ihnen nicht nur keine Anstoßeffekte, sondern negative Effekte für die wirtschaftliche und städtebauliche Standortqualität ausgehen.

Je stärker und anhaltender die Wachstumsdynamik der Stadt sich erweist, desto weniger sinnvoll wäre eine solche Laissez-faire-Haltung zu Lasten dieser Gebiete. Sie würde nicht nur zu einer Abwertung des städtischen Umfeldes und einer Belastung der dort wohnenden Bevölkerung führen, sondern liegt auch nicht im wohlverstandenen mittelfristigen Interesse der Stadt: Sowohl in ökonomischer wie in fiskalischer Hinsicht führt eine ungesteuerte Entwicklung in diese Richtung zu einer negativen Prägung von Gebieten, die mittelfristig aus gesamtstädtischem Interesse zu multifunktionalen Zentren aufgewertet werden müssen: Hier liegen die Flächen, die für neue Industrie- und Gewerbebetriebe, für Technologie- und Wissenschaftsparks, für Dienstleistungen, aber auch Sport, Freizeit und Wohnen benötigt werden. Auch aus stadtwirtschaftlichen Gründen sind in diesen wichtigen Entwicklungsgebieten der Ausbau und die Verbesserung "weicher" Standortfaktoren deshalb von größerer Bedeutung als in der Vergangenheit.

Entsprechend der auch in diesen Gebieten mittelfristig anzustrebenden stärkeren "Tertiärisierung" der Arbeitsplätze, werden Image, Atmosphäre, Stadtgestalt und Natur und Landschaft auch dort zu ökonomisch relevanten Standortfaktoren der Zukunft. Dies gilt insbesondere für Harburg als Standort der Technischen Universität und einer wachsenden Anzahl forschungsintensiver Betriebe und Institutionen. Nur eine gezielte Steuerung der Standortwahl für die oben angesprochenen wirtschaftlichen Nutzungen kann diese Ziele sichern.

Neue Arbeitsteilung mit dem Umland: intensivere Formen der Zusammenarbeit und Regionalplanung

Aus den vorangehend dargestellten neuen Prioritäten einer Stadtentwicklung unter Wachstumsbedingungen in Hamburg folgt zwingend, daß eine Entwicklungsplanung grenzüberschreitend anzulegen ist und zu einer Regionalplanung ausgeweitet werden muß, die tiefer und intensiver angelegt sein muß als die schon seit langer Zeit praktizierte "gemeinsame Landesplanung" mit Schleswig-Holstein auf der einen Seite und Niedersachsen auf der anderen Seite. Dies folgt sowohl aus den Notwendigkeiten einer selektiveren wirtschaftlichen Ansiedlungspolitik wie auch aus dem wiedereinsetzenden Wachstum der Wohnbevölkerung und der dafür erforderlichen zusätzlichen Wohnungsbaufläche. Anzustreben sind neben einer Vertragsgemeinschaft mit Schleswig-Holstein und Niedersachsen auch neue Formen von Umlandverbänden zwischen Kreisen und Gemeinden in der Nachbarschaft und der Stadt Hamburg. Hier gilt es, Regelungen für eine Arbeits- und Funktionsteilung zu finden, die auch finanzielle Ausgleichsregelungen für eine entsprechende Vorteils- und Lastenverteilung – die regionalplanerisch erarbeitet werden muß – vorsehen. Es muß Gegenstand gemeinsamer Planung unter Gesichtspunkten eines qualitativen Wachstums sein, welche für die Gesamtregion wichtigen Aktivitäten in der Gewerbeentwicklung, in der Ver- und Entsorgung und im Wohnungsbau auch im Umland stattfinden können. Ohne Einbeziehung des Umlandes ist in den engen Grenzen des Stadtstaates mittelfristig eine Stadtentwicklung unter Wachstumsbedingungen nur zu bewältigen, wenn erhebliche Einbußen nicht nur an Lebensqualität für die Stadtbewohner, sondern auch an Attraktivität der Metropole Hamburg in Kauf genommen werden. Eine starke Rolle einer attraktiven Metropole im europäischen regionalen Wettbewerb liegt jedoch auch eindeutig im Interesse der gesamten Wirtschaftsregion und damit des Umlandes.

Eine starke Rolle der Stadt im europäischen Wettbewerb liegt auch im Interesse des Umlandes.

Resümee und fiskalische Betrachtung

1. Alle beschriebenen Ziele und Prioritäten müssen gleichzeitig verfolgt werden, denn sie sind voneinander abhängig und ergeben nur in ihrer Kombination eine in sich schlüssige Strategie für eine Entwicklung der Region Hamburg sowohl für ihre Bewohner wie die Wirtschaft. Sie erfordern den kombinierten Einsatz von bisher oft nebeneinander arbeitenden Fachbehörden und Fachpolitiken. Es wird unter diesen Bedingungen nicht ausreichend sein, daß Einzelplanungen und Programme sich nicht offen widersprechen, sie müssen enger miteinander

verzahnt werden. Ohne eine inhaltliche Verzahnung und ein enges organisatorisches Zusammenwirken von genereller Standortstrategie, Wirtschaftsstrukturpolitik, Stadt- und Landschaftsplanung sowie Grundstücksvergabe, Stadterneuerung und Verkehrsplanung (um nur die wichtigsten zu nennen) wird dies nicht erreichbar sein. Kurz: Es geht um mehr als die in den üblichen Abstimmungsverfahren zwischen den Behörden erreichbare Negativkoordination, erforderlich ist eine positive Koordinierung der Teilbeiträge unterschiedlicher Fachbereiche sowohl auf der Planungs- wie auf der Umsetzungsebene.

2. Dieses Bündel von neuen Zielen und Prioritäten ist ein Entwurf einer integrierten Strategie unter Wachstumsbedingungen in Hamburg. Wenn die Wachstumsentwicklung und der entsprechende Flächenbedarf für Hamburg hier überschätzt wurden, mindert sich auch der Druck auf eine zügige und gleichzeitige Realisierung dieser Prioritäten. Die hier formulierten Ziele behalten jedoch auch unter diesen Bedingungen mittelfristig ihre – wenn auch leicht abgeschwächte – Bedeutung.

3. Nur die gleichzeitige Verfolgung aller hier behandelten Ziele kann bei starker Wachstumsdynamik dazu führen, daß die erheblichen Zielkonflikte abgemildert werden. Die aufgezeigte Stadtentwicklungsstrategie hat deshalb auch einen erheblichen Wert für die Entscheidungsfähigkeit und Strategiefähigkeit der Stadtpolitik. Bei Beibehaltung der bisherigen Strategien und Planungen wäre es unvermeidlich, daß Stadtentwicklung in den nächsten Jahren ein äußerst konflikthafter und in der Regel blockierter Prozeß würde.

Alte Fronten würden sich versteifen. Standortpolitik und Durchsetzung neuer wirtschaftlicher Nutzungen würden häufig nur in Form steriler Durchsetzungskonflikte möglich werden, weil dann Stadtentwicklungspolitik sowohl von den Verantwortlichen für Wirtschaftswachstum wie den Sprechern für die Bewahrung von Stadtqualität und ökologischen Standards als Nullsummenspiel ausgefochten würde, bei dem der Gewinn des einen zum Verlust des anderen würde. Letztlich würde hierdurch das gleiche Ausmaß an Arbeits- und Konfliktregelungskapazität nutzlos verbraucht, das besser in die Ausarbeitung und politische Entscheidungsvorbereitung einer neuen Stadtentwicklungsplanung investiert werden sollte.

4. Diese neuen Prioritäten einer Stadtentwicklungspolitik müssen sich der Frage stellen, ob denn das, was stadtentwicklungspolitisch richtig ist, auch fiskalisch verkraftbar ist. Denn immerhin handelt es sich bei Hamburg nach wie vor um eine Stadt, die erhebliche Einnahmenprobleme hat. Wenn fast keine der aufgeführten Prioritäten in der Praxis der Stadt- und Wirtschaftsentwicklung der letzten zehn Jahre Berücksichtigung fand, liegt dies nicht nur an der damaligen Stagnation, sondern auch an den fehlenden fiskalischen Voraussetzungen Hamburgs. Diesem verständlichen Einwand können jedoch drei prinzipielle Überlegungen entgegengesetzt werden, ohne daß sie hier im Detail dargestellt und erörtert werden können:

Eine zunächst "teure" Stadtentwicklungsstrategie verbessert mittelfristig auch die Einnahmesituation der Kommune.

Ein länger anhaltendes Wirtschaftswachstum, das eine derartige zunächst "teurere" Stadtentwicklungsstrategie erfordert, verbessert zugleich auch die Einnahmesituation der Stadt (trotz der Benachteiligung Hamburgs in der Steuerverteilung). Es verbessert auch die generelle Wettbewerbsposition Hamburgs und reduziert die Notwendigkeit einer oft in der Vergangenheit teuren Subventions- und Angebotspolitik gegenüber Betrieben, die anders nicht in Hamburg zu halten oder für Hamburg zu gewinnen waren. Auch von der unter Wachstumsbedingungen zu erwartenden weiteren Bodenpreissteigerung würde die Stadt mit den städtischen Liegenschaften mit profitieren.

Mittelfristig liegt es nicht nur im Stadtentwicklungsinteresse, sondern auch im fiskalischen Interesse der Stadt, eine Strategie zu verfolgen, die die Attraktivität Hamburgs als Dienstleistungsmetropole noch verbessert. Stadtgestalt, Atmosphäre, ökologische Stadtqualität gehören zu den für eine Dienstleistungsmetropole immer wichtigeren weichen "Standortfaktoren". Umgekehrt wird die Einnahmesituation der Stadt nicht unwesentlich davon abhängen, wie attraktiv Hamburg in verschiedenen Hinsichten (wie Dienstleistungen, Einkauf, Medien, Kultur, Wohnen) ist.

Die eigentliche Fragestellung besteht deshalb eher darin, ob sich Hamburg kurzfristig das leisten kann, was mittelfristig auch fiskalisch richtig ist.

Im konkreten zeigt sich, daß die zunächst anfallenden zusätzlichen finanziellen Belastungen gemildert werden können und ihnen die oben aufgeführten erheblichen mittelfristigen Einnahmevorteile gegenüberstehen würden:

Für die erforderliche aktive Ankaufspolitik der Stadt und die Altlastensanierung bieten sich (wie ausgeführt) Organisations- und Finanzierungsformen an, die den städtischen Haushalt deutlich weniger belasten. Die vorgeschlagene konsequente Geltendmachung ökologischer Ausgleichs- und Ersatzmaßnahmen bei Eingriffen in Natur und Landschaft würde deshalb nicht annähernd zu den rein rechnerisch möglichen Kosten führen, weil diese Vorgangsweise naturgemäß prohibitiv wirken würde: Das heißt, viele Flächen, bei denen sonst eine bauliche Nutzung in Frage gekommen wäre, würden jetzt als Natur und Landschaft erhalten, da andere Flächen in Konkurrenz zu ihnen keine Preisnachteile mehr hätten. Außerdem ist vorgeschlagen worden, Ausgleichsmaßnahmen für die ökologische Aufwertung bestimmter Gebiete sowie zur Finanzierung von Altlastensanierung zu nutzen, was wiederum fiskalische Entlastungen an anderer Stelle zur Folge hätte.

Besseres Management in der Umsetzung einer integrierten Stadtentwicklungspolitik

Der Notwendigkeit ressortübergreifender und enger koordinierter Stadtentwicklung kann nicht allein durch die Schaffung einer Stadtentwicklungsbehörde auf der Planungsebene Rechnung getragen werden. Erforderlich sind auch neue organisatorische Lösungen auf der Umsetzungsebene:

Schaffung eines Grundstücksfonds

Um Flächenrecycling stärker als in der Vergangenheit zu betreiben, ist eine aktive, städtisch gesteuerte Ankaufspolitik von entsprechenden Grundstücken erforderlich, um das Tempo der Reaktivierung dieser Flächen und die Steuerung ihrer wirtschaftlichen Verwertung beeinflussen zu können. Dies ist insbesondere dort erforderlich, wo die privaten Grundstückseigner diese Flächen gar nicht oder erst sehr viel später dem Markt verfügbar machen würden. Da Grundsteuererhöhungen für nicht bebaute Gewerbegrundstücke oder gar entsprechende Baugebote nicht verfügbar sind, bleibt der Stadtentwicklungspolitik nur der Weg einer aktiven Ankaufspolitik. Erforderlich ist deshalb ein Grundstücksfonds, der mit den durch die Vorleistungen und öffentlichen Planungen induzierten Aufwertungsgewinnen von reaktivierten Grundstücken den Kauf und die Sanierung weiterer Flächen finanziert. Angesichts der begrenzten fiskalischen Möglichkeiten der Stadt empfiehlt sich hier durchaus die Hineinnahme privaten Kapitals, z.B. in der Form von Entwicklungsgesellschaften, die im Wege der public-privat-partnership arbeiten. Für beide Varianten gibt es Vorbilder, so z.B. den Grundstücksfonds Ruhr in der Bundesrepublik, aber auch verschiedene Ansätze von public-privat-partnership in amerikanischen Städten.

Je stärker eine lang anhaltende Entwicklungsdynamik in der Stadt die zügige Reaktivierung größerer mit Altlasten befrachteter Brachflächen erfordert, desto mehr muß auch über weitere Wege, dies zu finanzieren, nachgedacht werden. Eine Möglichkeit dazu wäre die Zuführung eines Teils der Gewinne aus Grundstücks- und Gebäudeverkäufen in der inneren Stadt in diesen Fonds. Auch eine Erhöhung der Gewerbesteuer (d.h. die Rücknahme der Senkung vor 3 Jahren) wäre eine mögliche Option. Ein Teil der dadurch gewonnenen Mittel sollte zweckgebunden für die Sanierung, Aktivierung und Erschließung von Altlasten-Brachflächen eingesetzt werden. Dies ist vor dem Hintergrund der Debatte der letzten Jahre sicherlich ein kontroverser Vorschlag: Bei hoher Wirtschafts-und Wachstumsdynamik muß sich die Wirtschaft dem Zielkonflikt zwischen zwei Formen der Angebotspolitik stellen, nämlich einerseits der Option niedriger Gewerbesteuern bei zunehmender Gewerbeflächenknappheit oder andererseits der Finanzierbarkeit zusätzlicher Gewerbeflächenerschließung im Wege des Flächenrecyclings.

Gründung von Entwicklungsgesellschaften

Neben den eher starren bürokratischen Strukturen bedarf eine aktive Stadtentwicklung neuer Organisationsformen, die in der Lage sind, sich den ändernden Anforderungen flexibel anzupassen und übergreifend und zügig zu handeln: Für Schwerpunktgebiete der Stadt- und Gewerbeentwicklung mit einem hohen Anteil von Brachflächen oder untergenutzten Flächen und komplizierten Verlagerungsproblemen empfiehlt sich hier die Gründung von Entwicklungsgesellschaften. Wie oben erwähnt, sollen an diesen auch privater Sachverstand und privates Kapital beteiligt werden. Die Stadtentwicklungsgesellschaft für die westliche innere Stadt (STEG) ist ein organisatorisches Beispiel hierfür.

Auch für die interne Verwaltungssteuerung sind neue projektbezogene Organisationsformen einzusetzen.

Ein neuer Stil der Planung

Die Erarbeitung integrierter Stadtentwicklung setzt einen neuen Stil der offenen und diskursiven Planung voraus, deren Eckpunkte hier genannt werden sollen:

1. Sie muß weniger zukunftsgläubig sein als frühere Planungsansätze in den siebziger Jahren.

2. Sie muß stärker vernetzt und in Alternativen denken, als dies in der bisherigen arbeitsteiligen Struktur der Hamburger Verwaltung entwickelte Fachplanungen tun.

3. Sie muß strukturieren und auch solche Schwerpunktbereiche identifizieren und bearbeiten, die in der arbeitsteiligen Struktur von Verwaltung, Parlament und Verbänden vernachlässigt oder ignoriert werden.

4. Sie muß public-privat-partnership als Arbeitsprinzip praktizieren, d.h. offen sein für die breite Mobilisierung von Sachverstand und Interessen auch der wirtschaftlichen Träger der Stadtentwicklung.

5. Sie muß offen sein für die oft widersprüchliche und breite Mitwirkung von Betroffenen.

Erforderlich ist es, die wesentlichen Alternativen und Entscheidungsoptionen konfliktträchtiger Felder herauszuarbeiten.

Eine Stadtentwicklung, die diesen Zielen folgt, kann nicht deduktiv von oben her entwickelt werden. Sie entsteht allerdings auch nicht von selbst. Sie muß für verschiedene Teilfelder im Dialog mit den Betroffenen und ihren Interessenvertretungen von Gewerkschaften und Unternehmen bis hin zu den Initiativen vor Ort entwickelt werden. Stärker als in der Vergangenheit hat sie allerdings die Aufgabe, diesen Prozeß zu strukturieren, zu organisieren und zu moderieren. Ein solcher Dialog kann schlecht über unstrukturierte umfangreiche Gesamtbündel vernetzter Stadtentwicklungsthemen geführt werden; er bleibt dann eher abstrakt und leer formelhaft. Erforderlich ist es, die wesentlichen Alternativen und Entscheidungsoptionen konfliktträchtiger vernetzter Felder herauszuarbeiten. Dies geschieht am besten dadurch, daß Sprecher ganz unterschiedlicher Gesichtspunkte und Interessen in diese Dialoge über Teilfelder einbezogen werden. Ein derartiger Dialog bietet sich gerade bei den Schnittstellen verschiedener, meist arbeitsteilig organisierter Politikbereiche an.

Die Entwicklungsplanung muß jedoch mehr sein als ein fortdauernder, eher unverbindlicher Dialog und Prozeß. Sie muß zu bestimmten Stichtagen abgeschlossen werden und dann auch eine auf mittelfristige Geltung angelegte Verbindlichkeit für die Behörden bekommen. Sie muß andererseits aber auch auf Überarbeitung und Revision angelegt sein, je nachdem, wie schnell sich die ökonomischen und sozialen Ausgangsbedingungen und Anforderungen verändern. Ziel ist nicht der allumfassende große Plan, sondern Stadtentwicklung als Prozeß. Es sollte nicht eine Vision, z.B. eines Hamburg- Plans 2010 dauerhaft festgeschrieben werden.

Ziel ist nicht der allumfassende große Plan, sondern Stadtentwicklung als Prozeß.

Die Arbeitsmethode der public-privat-partnership sowie die breite Einbeziehung des Wissens und der Interessen von Gruppen in die Erörterung von Alternativen dürfen nicht mißverstanden werden als eine weitgehende "Privatisierung" von Stadtplanung. Es wäre auch eine Illusion anzunehmen, eine bloße Addition von Einzelinteressen führe zu einem schlüssigen Gesamtkonzept. Im Gegenteil: Je arbeitsteiliger und in sich geschlossen Verwaltung, Parlament und Verbände jeweils nur in ihren Teilbereichen arbeiten, denken und kommunizieren, desto sicherer ist, daß hieraus nicht ohne weiteres eine übergreifende Planung entstehen kann. Politisch legitimierte Schlußentscheidungen, die gerade bei steigenden Kontroversen über die Stadtentwicklung oft nur Konfliktentscheidungen sein können, bleiben unverzichtbar. Sie werden das politisch-administrative System in Zukunft sogar deutlich stärker fordern als die bisherige Praxis ressortbezogener Fachplanungen und nur einzelfallbezogener stadtplanerischer Entscheidungen. Ohne die oben erörterte Verwaltungsreform, die sowohl die Fachbehörden wie auch Senat und Bürgerschaft von Einzelfällen und Einzelentscheidungen entlastet, wird sie nicht zu leisten sein. Die für eine Entwicklungsplanung erforderliche Arbeitskapazität, aber auch Konfliktregelungskapazität auf der politischen Ebene wird sonst an dieser Stelle gebunden bleiben.

Jobst Fiedler,
Studien und Abschlüsse in Jura und Politikwissenschaft,
Leiter der Bezirksverwaltung Hamburg-Harburg seit 1984,
politisches und wissenschaftliches Engagement
auf verschiedenen Ebenen in Hamburg zur Erarbeitung
einer Stadtentwicklungspolitik für die 90er Jahre.

Vorschlag zu einer neuen Stadtentwicklungsplanung in Hamburg

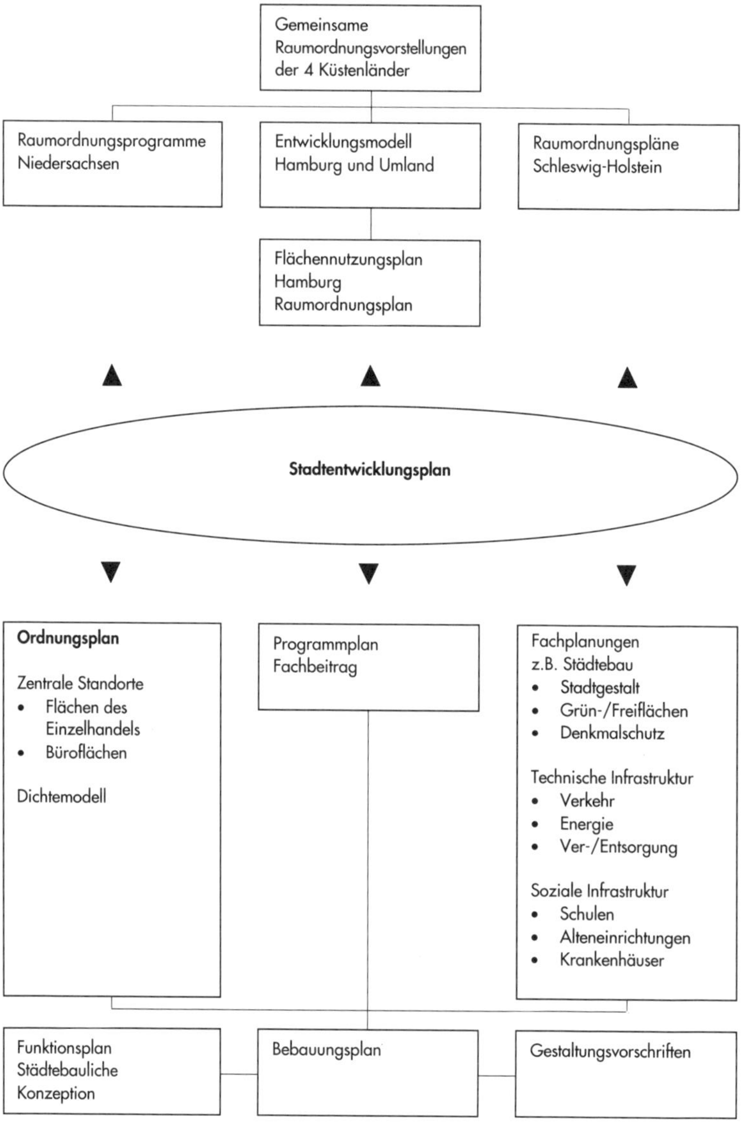

Die Hamburger Bezirke

	Fläche km^2	Einwohner	Einwohner pro km^2
Hamburg Mitte	106,5	217400	2041
Altona	77,5	225670	2912
Eimsbüttel	50,1	232540	4641
Hamburg-Nord	57,8	287760	4979
Wandsbek	147,6	373390	2530
Bergedorf	154,8	87970	568
Hamburg	160,5	182200	1135
Hamburg gesamt	754,7	1609530	2133

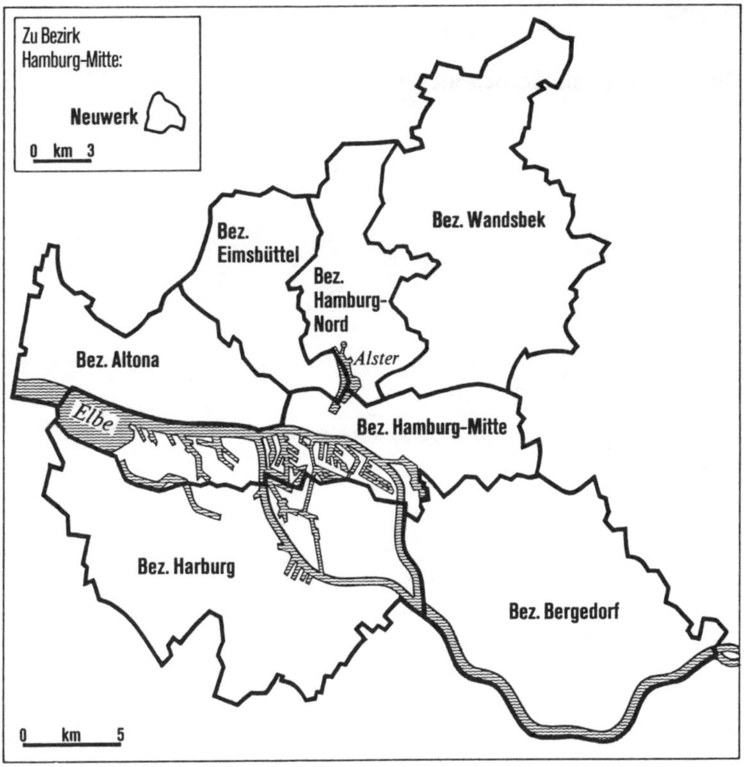

Zur Analyse herausgefordert
Ausgangsüberlegungen

Michael Wagner, Heinz Hofmann

Die Stadtplanung besitzt stets einen offenen Horizont; weder sind ihre Ziele starr, noch ihre Rahmenbedingungen festgeschrieben, noch der Kreis der Betroffenen und der Beteiligten scharf abgezirkelt; selbst die räumliche Reichweite des von einer verständigen Planung im Gesichtskreis behaltenen Gebietes bleibt nicht konstant (jedenfalls endet Stadtplanung keinesfalls an den Gemeindegrenzen).

Gerade in Perioden, in denen der Veränderungsdruck für die Stadtplanung besonders spürbar wird, lohnt es, auch kurzfristig den Versuch zu unternehmen, sich über Richtung und Ausmaß der ins Kalkül zu ziehenden Veränderungspotentiale zu verständigen. Diesem Zweck haben die lebhaften Diskussionen des Winters 1989 und des Frühjahrs 1990 im Arbeitskreis "Wien 2010" gedient. Dabei standen jene Entwicklungen im Vordergrund, die von der "Öffnung der Grenzen" und der zu erwartenden "erhöhten Migration" ausgehen.

Jede Erörterung veränderter Planungsvoraussetzungen ist gut beraten, sich um eine sachliche Abgrenzung der zur Debatte stehenden Fragen zu bemühen, ohne deshalb vorschnell auf einen Konsens unter den beteiligten Fachleuten und Politikern zu drängen. Für eine solche Vorgangsweise eignet sich die Erarbeitung von Szenarien. In ihnen werden auf nachvollziehbare Weise zentrale Elemente einer möglichen Zukunft skizziert. Dabei bleibt diskussionswürdig, ob das Eintreten eines spezifischen Szenarios als wahrscheinlich gelten kann, ob ein Zukunftsszenario nicht bloß jene Probleme verdeutlicht, die ohnehin schon heute anstehen und welche Maßnahmen geeignet erscheinen, unvorteilhafte potentielle Entwicklungen abzuwehren.

Unter diesem Aspekt kann die Erstellung von Szenarien (auch in quantitativer Hinsicht) nicht von einem stets fixierten Angelpunkt die einzelnen Argumentationslinien verfolgen. Der in dem Band "Wien 2010" zusammengefaßte Bericht über den vorläufigen Stand der Diskussion spiegelt dies wider. Die dort skizzierten Thesen und ihre sachliche Begründung sind weder bloß beliebig, noch in jedem Fall zwingend, was die in den nächsten beiden Jahrzehnten zu erwartenden Entwicklungen betrifft. Dabei ist stets zu bedenken, daß in einer großen Gruppe von Fachleuten keine völlige Übereinstimmung bis in das letzte Detail zu erwarten ist.

Die räumliche Mobilität in jener Region, in der sich die Anziehungskraft Wiens entfaltet, wird weiter zunehmen.

In diesem Sinn beansprucht die folgende Erläuterung einiger zentraler Ausgangsüberlegungen zur Studie "Wien 2010" keinerlei Repräsentativität für die Ansichten des gesamten Autorenteams; sie ist durchaus als persönliche Einschätzung zu verstehen.

Herausgefordert

Die erste These lautet: Bis zur Jahrtausendwende wird die räumliche Mobilität in jener Region, in der sich die soziale, kulturelle und wirtschaftliche Anziehungskraft der Stadt Wien entfaltet, weiter zunehmen.

Für die Plausibilität der These sprechen mehrere Indizien: der Abbau des Eisernen Vorhanges verringert die mobilitätshemmende Wirkung von Staatsgrenzen; ferner mag deren Verlauf durch die tiefgehenden geopolitischen Veränderungen während der neunziger Jahre weitreichenden Veränderungen unterlegen sein (was etwa nicht nur in Hinblick auf Deutschland, sondern auch in bezug auf Jugoslawien oder die Sowjetunion deutlich vor Augen steht); schließlich hat die Wirtschaft des OECD-Raumes die Wachstumsschwäche der späten siebziger und frühen achtziger Jahre überwunden und tritt in eine neue Phase selbsttragender Expansion ein, während gleichzeitig das Wirtschaftsleben in den Staaten des ehemaligen Ostblocks schweren Anpassungskrisen unterworfen ist.

Von jeder einzelnen dieser Entwicklungen geht ein Impuls zu erhöhter räumlicher Mobilität aus (wie die Erfahrungen Europas seit Ende des Zweiten Weltkrieges lehren). In ihrer Kombination mögen die drei Faktoren (soziale und politische Veränderung von Staaten, erleichterter Grenzübertritt und die Belebung ungleichgewichtigen Wachstums) den Strom von Menschen, Verkehrsmittel und Gütern zu einer Welle anwachsen lassen, deren Höhe die politische Öffentlichkeit der von ihr erfaßten Region herausfordert.

Das gilt auch für die Stadt. Zwar steht grundsätzlich die Option offen, nichts zu tun, fortzufahren als ob alles beim Gewohnten bliebe. Doch käme dies dem Erleiden einer überschatteten Zukunft gleich. Denn wenn die Stadt nicht handelt, wird viel geschehen: eine Verkehrslawine wird den Bewegungsspielraum der Bewohner einengen; die wachsende Nachfrage nach Wohn- und Büroraum bedingt rascher steigende Mieten; der soziale und ethnische Verdrängungsdruck läßt neue Elendsquartiere entstehen; die Überlastung des öffentlichen Raumes beeinträchtigt die Alltagserholung spürbar.

Einer solchen Entwicklung wollen Bewohner, Stadtverwaltung und Politik nicht tatenlosen zusehen.

Starke Expansionsprozesse verstärken die Neigung traditioneller politischer Entscheidungsplanung, ihr Augenmerk auf zwei konträre Optionen zu richten: auf "Isolation" oder auf "Akkomodation".

Diktatur der Quantitäten?

Die zweite Ausgangsthese lautet: Deutliche Expansionsprozesse verstärken die Neigung traditioneller politischer Entscheidungsplanung, ihr Augenmerk hauptsächlich auf zwei konträre Optionen zu richten: auf "Isolation" oder auf "Akkomodation".

Beide Varianten kommen im Grunde einer recht abstrakten Problembearbeitung gleich. Durch "Isolation" scheint es, als ob die Stadt sich vor dem Druck einfach abschirmen könne. Dies ist jedoch nicht der Fall; insbesondere in einer "zivilen Gesellschaft", in der Freizügigkeit nicht bloß ein Postulat der Tourismusindustrie ist, sondern Teil eines umfassenden Selbstverständnisses vom Individuum. Die Isolationskonzepte sind (ob beabsichtigt oder nicht) mit der Forderung nach obrigkeitsstaatlicher Kontrolle von Menschen und ihren Beweggründen für räumliche Mobilität verbunden. Wird eine solche Position in ausführend-administrativen Details weitergedacht, so erweist sie sich mit einem offenen Gesellschaftsbild als unvereinbar.

Auch die Alternative, die "Akkomodationsstrategie", kann kaum als befriedigend gelten. Sie darf zwar für sich in Anspruch nehmen, insofern menschenfreundlich zu sein, als sie jenen Menschen, die kommen wollen, die Stadt öffnet. Indes unterwirft sie sich einer Diktatur der Quantitäten, indem sie die urbane Lebensqualität jener Personen, die schon jetzt (oder zukünftig) in Wien leben, einfach übergeht: Der verstärkte Bau von Wohnungen, Schulen, Straßen- und Parkplätzen eröffnet keine schlüssigen Antworten auf die Fragen erhöhter Mobilität. Vielmehr bedarf es eines Kurses strategisch plazierter Engpässe.

Dies lehrt schon die Bewahrung der Innenstädte vor dem Individualverkehr. Nicht die Blockade des Raumes, sondern die graduelle Erschwerung bestimmter Zugangsformen findet Akzeptanz. Anstatt mit direkten Interventionen zu dirigieren, wird durch bewußt gestaltete "Kontexte" schrittweise ein Interessensausgleich hergestellt.

Um die Größenordnung der zu erwartenden und zu gestaltenden Engpässe zu bestimmen, ist das Autorenteam der Studie "Wien 2010" von zwei quantitativen Varianten der Migrationsprojektion ausgegangen. Die eine Variante schreibt jene Entwicklungsdynamik fort, die sich in den letzten Jahren bereits abzeichnete; diese Projektion geht von einer Nettomigration von 6.000 Personen jährlich aus. Die zweite Variante spekuliert mit den Folgen einer doppelt so hohen Migration; einer Nettowanderung von 12.000 Personen jährlich nach Wien.

So rund die quantitativen Eckdaten (6.000 und 12.000 Personen) auch gewählt sind, sie geben keine hinreichend eindeutige Beschreibung der räumlichen Mobilität von Menschen mit dem Ziel "Wien". Denn Art, Raum und Umschlaghäufigkeit der Aufenthalte in Wien weisen ein breites Spektrum auf; sie variieren vom täglichen Einpendeln über Wochenpendeln zum Monataufenthalt bis zur Aufnahme eines festen Wohnsitzes innerhalb der Stadtgrenzen. Jede dieser Mobilitätsvarianten stellt spezifische Anforderungen an die Stadt. Denn die "Bruttoströme" der Nettomigration (in Personen pro Jahr gerechnet) variieren je nach Mobilitätsart. Ferner weist jede Mobilitätsvariante ihr eigenes sozio-demographisches Profil aus; so verbleiben die Familien von Wochenpendlern in einem Wohnort außerhalb Wiens, während Migranten i.e.S. ihre Frauen und Kinder häufig "nachziehen" lassen.

Um die Leser der quantitativen Projektion auf die Vielfalt der Möglichkeiten aufmerksam zu machen, sind in der Studie mehrere Szenarien erstellt worden, in denen hinsichtlich der Art der Migration, des Bildungsgrades der Betroffenen und der Zusammensetzung ihrer Haushalte jeweils spezifische Annahmen getroffen sind. Diese tragen Titel, die auf die geopolitischen Veränderungen Bezug nehmen: "Stabilisierung", "Dauerkrise", "Weißbuch-EG", "Offene EG"; eine Sonderstellung nimmt das "Sao-Paulo-Szenario" ein, in dem die Auswirkungen einer Nettomigration von 12.000 Personen jährlich skizziert sind.

Die durch erhöhte Migration entstehenden Engpässe erfordern eine Planung der urbanen Entwicklung über die Stadtgrenzen hinaus.

Engpässe

Die dritte These lautet: Die durch erhöhte Migration entstehenden Engpässe erfordern eine Planung der urbanen Entwicklung über die Stadtgrenzen hinaus; nicht fortgesetzte Verdichtung, sondern eine räumlich differenzierte Schwerpunktbildung bietet die Grundlage für eine offene Gesellschaft, in der auch ein Gleichgewicht in der Verteilung von Lebenschancen gefunden werden muß.

Diese These hat sich in den, (nach Einzelbereichen kommunaler offenstehender Politik gegliederten) Teilanalysen der Studie bestätigt. So bildet der Boden einen äußerst knappen Faktor, dessen Nutzungsart und -intensität in weiten Bereichen des Stadtgebietes Überlastungserscheinungen spürbar werden läßt. Dies gilt für das Ausmaß der Preisbewegungen von Boden für

Wohn-, Produktions- und Verkehrsflächen; für den Verlust von Grundflächen, derer die Wiederherstellung einer ökologischen Balance bedarf; für die Verteilung von Nutzungsarten innerhalb der Stadt und dem damit ausgelösten Verkehrsaufkommen. In einem weiteren Sinn wird der Engpaß auch bei der Befriedigung steigenden Wohnraumbedarfes spürbar. Diese Faktoren lassen die Führung von Entwicklungsachsen über die Stadtgrenzen hinaus geboten erscheinen.

Die Umsetzung dieser Einsicht erfordert eine weitgehende Abkehr vom neomerkantilistischen Denken, das für viele politische Entscheidungsträger in Jahrzehnten sinkender oder stagnierender Bevölkerungszahlen plausibel schien: Nur was innerhalb der Stadt geschähe, bringe Vorteile; je weniger über die Grenzen hinauswandere, umso besser. Wächst Wien wieder, so bedarf es einer neuen Maxime. Die Stadt sieht sich aufgefordert, mit anderen Gebietskörperschaften intensiv an der Entwicklung praktikabler Formen stadtübergreifender Strategien zu arbeiten. Es gilt, politisch-administrative Grenzen "nach innen" zu öffnen.

Freilich bildet die Knappheit des Bodens und die mit ihr verbundene Verknappung an Raum für Wohnen, Arbeiten, Freizeit und Verkehr nur einen der Engpässe. Ein anderer betrifft nicht die Balance zwischen Mensch und Natur, sondern jene zwischen unselbständig Erwerbstätigen und den Besitzern von Eigentum und Kapital; zwischen den begüterten Haushalten und jenen Familien, die mit den Grenzen ihres Einkommens schmerzhaft konfrontiert sind.

Auch diese Verteilungsfragen lassen sich so wenig über Marktmechanismen regeln wie jene des ökologischen Gleichgewichtes. Auch am Markt sind die weniger Vermögenden stets die Schwächeren, die durch die Kaufkraft der Wohlhabenderen an den Rand gedrängt zu werden drohen. Dies gilt insbesondere für die Bereitstellung von Wohnraum; eine Frage, die in der Studie ausführlich erörtert wird. Die Risiken einer spürbaren Verschlechterung der Wohnstandards sind bei wachsender Bevölkerung ebenso ernst zu nehmen wie jener einer Erosion der arbeitspolitischen Standards bei einer starken Vermehrung des Arbeitsangebots.

Die Lösungen, die es hier zu finden gilt, liegen nicht in einem Rückgriff auf obrigkeitsstaatliche Zugangsbeschränkungen. Vielmehr bedarf es einer Stärkung der einzelnen, einen Erwerb anstrebenden Personen gegenüber Kontraktpartnern, die angesichts eines raschen Angebots an Arbeitssuchenden die Chance sehen, ihre Lohnangebote zu senken.

Die Studie verweist dabei explizit darauf, welche mittelfristig nachteiligen Folgen für Wohlstand und Wachstumsdynamik aus dem sozialpolitischen Wildwuchs auf grauen und schwarzen Arbeitsmärkten entspringen können. Wirtschaft und Gesellschaft Wiens sind gut beraten, den Weg eines kurzfristigen "Billiglohn-Booms" zu meiden. Denn nur ein ständig aufrechterhaltener Lohndruck sichert jenes Produktivitätswachstum, dessen die Stadtwirtschaft bedarf, um in einer vielfältigen internationalen Konkurrenz bestehen zu können.

Die politischen Probleme erhöhter Migration schaffen die Eingesessenen, nicht die Zuwandernden.

Das Fremde als Lernchance

Die vierte These lautet: Die politischen Probleme erhöhter Migration schaffen die Eingesessen, nicht die Zuwandernden. Erst wenn das Fremde als Lernchance begriffen wird, fallen die Früchte erhöhter Migration an.

Für die Personen, die sich den Mühen erhöhter räumlicher Mobilität unterziehen, bewirkt die Migration stets eine Anhebung ihrer materiellen Situation gegenüber jener am Ausgangsort. Um ihre Lebenslage zu verbessern, sind sie auf jeden Fall darauf angewiesen, die Lernangebote, die ihnen ihre neue Umwelt gibt, zu nutzen. Je sorgfältiger die Stadt mit der Bereitstellung solcher Lernangebote in einem umfassenden sozialen, kulturellen und wirtschaftlichen Sinn disponiert, desto vielfältigere Impulse wird das tägliche Leben Wiens erhalten. Diese Wechselwirkung macht gerade jenes Medium aus, in dem sich "Multikulturalität" von den Positionen "vollkommener Assimilation" und "strikter Segregation" unterscheidet.

In diesem Sinn ist "Multikulturalität" die Fähigkeit der Menschen, eine Vielfalt von Schattierungen zu leben, ohne sich vorschnell auf Polarisierungen (die häufig Gefühlen der Bedrohung und der mit ihnen verbundenen Aggressionen entspringen) einzulassen. Zu solchen Schattierungen gehört auch die Fähigkeit des politischen Systems, fremdenfeindliche Parolen nicht bloß oberflächlich zu ächten, sondern sie als Abwehrreaktion ernst zu nehmen und aktiv zu bearbeiten.

Nur unter solchen Umständen können Lernchancen umfassend genutzt werden; von Ansässigen wie von Migranten. Auch sie fühlen das Fremde (insbesondere dann, wenn sie wahrzunehmen glauben, sich mit einer engherzigen und einsinnigen Lebenskultur zurechtfinden zu müssen). Es sind Menschen, die in recht unterschiedlichen Lebensphasen kommen: als junge, arbeitswillige (vielleicht auch zur Selbstausbeutung ihrer Kräfte und Gaben neigende) Frauen und Männer; aber auch als ältere Menschen, die von ihren Kindern nachgeholt werden, weil es zu Hause, im Dorf, keine Überlebensmöglichkeit mehr gibt; schließlich als Kinder, die hier auf lauten Straßen, engen Höfen oder im Park zu spielen lernen; für sie ist Wien die Stadt ihres Erwachsenwerdens. Sie bringen eine breite Vielfalt an Gefühlen der Freude, der Enttäuschung, der Aggression ein; dies ist nicht steuerbar, wohl aber kann es Ausdrucksformen zivilisierter engagierter Toleranz finden.

Von den vorangegangenen knapp skizzierten Ausgangsüberlegungen angeregt, sind die Autoren der Studie (bei allen Unterschieden in einzelnen Befunden und Empfehlungen) zu dem Schluß gekommen:

Wien 2010 stellt sich aus wissenschaftlicher Sicht als eine wichtige Herausforderung dar; sie aktiv zu bewältigen, sind wir gut beraten.

Dieses Referat wurde auf der Tagung
von Michael Wagner gehalten

Heinz Hofmann, Mag. rer.soc.oec.,
wissenschaftlicher Mitarbeiter des IWS,
Institut für Wirtschafts- und Sozialforschung.
Arbeitsschwerpunkte:
Stadt- und Regionalforschung,
Verkehr, Arbeitsmarkt.

Michael Wagner, Dr. rer.soc.oec.,
Univ.Doz., Leiter des IWS,
Institut für Wirtschafts- und Sozialforschung.
Publikationen in den Bereichen Arbeitsmarktpolitik,
Stadtentwicklung, Einkommensverteilung,
Innovationsdynamik.

Aufbau der Szenarien

Quelle
IFES, IWS, KDZ, Wien 2010. Entwicklungstendenzen bei wachsender Bevölkerung und offenen Grenzen. Im Auftrag der MA 18, Wien 1990

Status Quo

Stabilisierung | Dauerkrise

EG

Weißbuch EG | Offene EG

Sao Paulo

Quelle
Magistrat der Stadt Wien, MD-ADV, Bevölkerungsevidenz für Wien

Bevölkerungsentwicklung in Wien 1986 – 1988

Österreicher	1,384.088	1,370.938
Ausländer	120.307	160.710
Gesamt	1,504.395	1,531.648

Unselbständig beschäftigte Ausländer 1988 – 1990

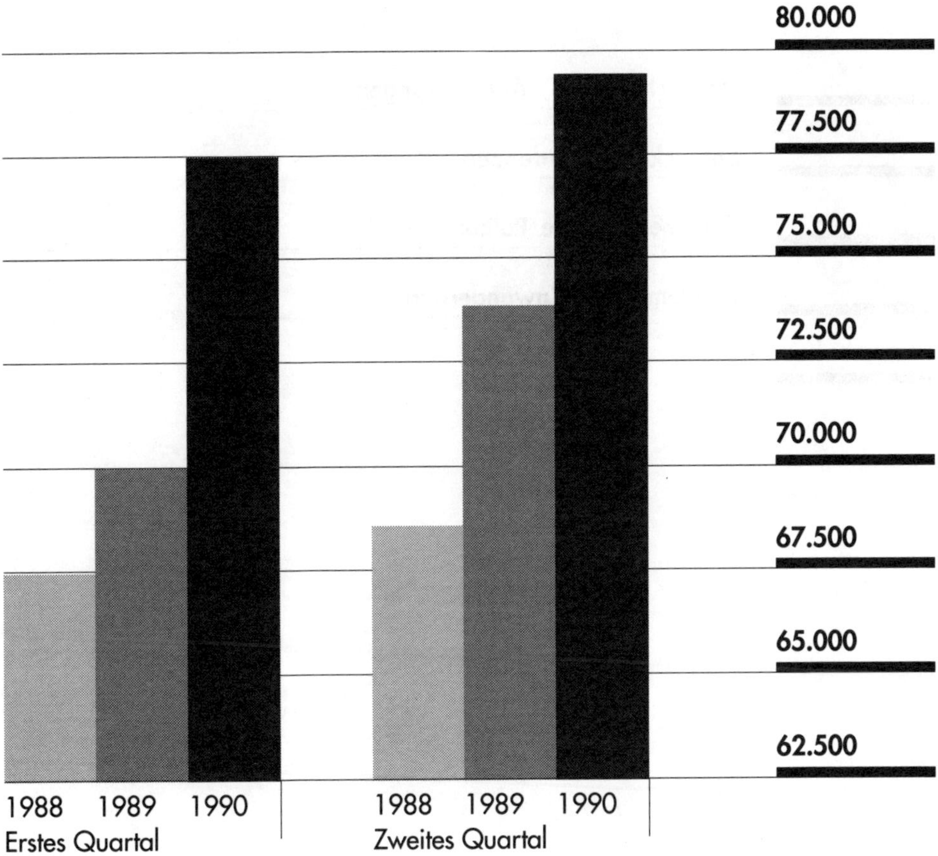

Quelle
Landesarbeitsamt
Wien

Unterschiedliche Anforderungen

Entwicklungstendenzen

Optionen für die Politik

Probleme der Zuwanderung

Die Zukunft Wiens im neuen Europa

Ernst Gehmacher

Wien wächst wieder. Mit dieser Feststellung hat Stadtrat Dr. Hannes Swoboda die Studie "Wien 2010" vorgestellt, die von einem breiten interdisziplinären Arbeitskreis aus Forschung und Verwaltung erarbeitet wurde, um Planung und Politik der Stadt Wien auf die Chancen und Probleme aufmerksam zu machen, die sich aus der neuen historischen Konstellation in Europa ergeben. Da ich glaube, mich als einen der Initiatoren dieser Studie betrachten zu dürfen, und ich jedenfalls in letzter Zeit einen großen Teil meiner Denk- und Arbeitszeit Fragen gewidmet habe, die sich aus der Öffnung zum Osten ergeben, möchte ich einige mir besonders wichtig erscheinende Schwerpunkte schärfer skizzieren und herausheben. Es sei betont, daß es sich dabei um meine persönliche Betrachtungsweise handelt; die konzentrierten Ergebnisse der Studie "Wien 2010" liegen ohnedies publiziert vor.

Wien wächst wieder. Diese Aussage, die (ähnlich dem Wahrwort "Wien bleibt Wien") sowohl als Hoffnung wie als Drohung verstanden werden kann, ergibt sich unzweifelhaft aus der Tatsache, daß Wien von nun an nicht mehr am Eisernen Vorhang liegt, sondern auch vom Osten her frei zugänglich ist. Das bedeutet, Wien verdoppelt etwa den Einzugsbereich, aus dem Tagesbesucher, Wochenpendler und Zuwanderer aller Arten kommen können. Und zu einem beachtlichen Teil umfaßt dieser neue Einzugsbereich Bewohner, die aus ihrer historischen Tradition und ihrer Kultur heraus Österreich nicht ganz so fremd empfinden und die auch umgekehrt gerade in Wien auf weniger emotionale Distanz stoßen, als sie Fremde üblicherweise in Kauf nehmen müssen.

Unterschiedliche Anforderungen

Bevor über die Folgen dieser neuen Nähe spekuliert wird, soll eine klare Unterscheidung getroffen werden zwischen drei Typen von Gästen, die für Wien jeweils etwas anderes bedeuten:

Nur Zuwanderer werden letztlich auch zu Bewohnern und lassen die Stadt "wachsen".

1. Zuwanderer, die danach streben mit Familie und Freunden in guter Wohnung hier zu leben ganz gleich, ob nur für einige Jahre oder für immer – was sie meist von vorneherein nicht wissen können, weil es weitgehend davon abhängt, wie gut sie hier eine Heimat finden und wie gut die Chancen der Heimkehr (für sie selbst und ihre Kinder) sind.

2. Pendler, die nur zur Arbeit oder zum Studium kommen und täglich oder wöchentlich nach Hause fahren, wo auch der Mittelpunkt ihres Lebens verbleibt – was nicht ausschließt, daß sie sich hier völlig anpassen und ihr Pendeln als günstige Lebensform betrachten.

3. Besucher, die hierher kommen, um etwas anzuschauen und zu erleben, etwas einzukaufen oder auch Geschäfte zu machen – wozu letztlich auch Gelegenheits-Schwarzarbeit und internationale Kriminalität zu zählen sind: eine vielbesuchte Großstadt muß auch mit diesen unangenehmen Begleitphänomenen rechnen.

Nur Zuwanderer (und teilweise noch Wochenpendler) werden letztlich auch zu Bewohnern und lassen die Stadt "wachsen" – freilich auch mit den begleitenden Anforderungen an Wohnungswesen und Infrastruktur. Pendler und Besucher belasten das Verkehrssystem, noch dazu mit massierten Verkehrsspitzen, bringen aber sonst der Stadt vor allem wirtschaftliche Impulse und Gewinn.

Es liegt also im Interesse Wiens, nur einen sachten Zufluß von Zuwanderern zu haben, ergänzt durch einen flexiblen Anteil an Pendlern, aber einen möglichst großen und regelmäßigen Strom von Besuchern mit hoher Kaufkraft.

Entwicklungstendenzen

Die Wanderungstendenz wird dabei von zwei großen Kraftfeldern bestimmt werden: von der Entwicklung in den Nachbarländern und von der Ausländerpolitik in Österreich und in Wien.

Die zu erwartende Entwicklung im Osten läßt sich in einigen grundlegenden Phasen grob beschreiben. Zuerst kommt die Krise des System-Umbaus. Eine neue dynamische Schicht wird wohlhabend werden, ein mehr oder minder großer Teil der Bevölkerung wird zeitweise oder dauernd "verarmen", durch Niedriglohnarbeit oder Arbeitslosigkeit, mit kleinen Pensionen, auch in ungünstigen Bereichen neuer Selbständigkeit. Das ergibt soziale Spannungen, die nur dort leicht zu überbrücken sein werden, wo sich die neue Wohlhabendheit rasch ausbreitet. Abwanderung und Auspendeln kann zum Ventil der "Verarmung" werden und dann auch von den Herkunftsländern begünstigt werden (wie das bei den Gastarbeiter-Herkunftsländern teilweise der Fall ist).

Einem großen Teil des Ostens wird der Anschluß an den Standard des Westens nicht möglich sein.

In den Wachstumszentren des Ostens kann die Krise in etwa einem Jahrzehnt "durchtaucht" sein – zur Phase des "Aufholens". Es ist durchaus möglich, daß um die Jahrtausendwende einige urbane und industrielle Ballungsräume im Osten – mit kräftiger Investitionshilfe von außen – Anschluß an den Standard des Westens finden und sogar zur Konkurrenz für schwächere Regionen im Westen werden.

Doch für einen großen Teil des Ostens wird das nicht gelingen können. Dort wird man, um Arbeitslosigkeit zu vermeiden, zu niedrigeren Löhnen arbeiten und sich mit einem langsameren Anstieg des Wohlstands, wenn nicht mit Stagnation, bescheiden müssen – wobei man unter die dauernde Abhängigkeit externer Märkte und fremder Betriebsansiedlungen gerät. Man kann diese Phase mit dem Ausdruck "Kolonialisierung" belegen, was nicht nur negativ verstanden werden soll: Diese Phase bietet auch Entwicklungs-Chancen, insbesondere, wenn die Kolonialisierung vorwiegend von "freundlichen" Kolonisatoren betrieben wird, also von inländischen Zentren aus oder auch von wenig ausbeuterischen Partnern.

Die größte Gefahr einer solchen "Kolonialisierung" liegt darin, daß die dynamischeren Elemente der Bevölkerung abwandern und das Gebiet allmählich zu einer entvölkerten "Peripherie" absinkt. Dem kann eine sekundäre Entwicklung zu einem attraktiven Erholungsgebiet oder zu völlig neuen Produktionen mit geringerer zentraler Abhängigkeit (etwa: agrarische Sonderkulturen, Gesundheitstourismus) entgegenwirken. Die Ausbeutungs- und Entvölkerungsphase in solchen Regionen wird aber länger dauern, zwei bis drei Jahrzehnte, bis auch hier ein Aufholen durch Umstrukturierung und Entvölkerung gelingt. Gegenüber den klassischen Kolonien hat der Osten den Vorteil, daß selbst in diesen peripheren Gebieten die Geburtenraten nicht sehr hoch sind (obwohl sich hier durchaus noch der Zusammenhang zwischen niedrigem Wohlstand und höherer Bevölkerungszahl zeigt).

Statt einheitlicher Entwicklung wird es gewaltige regionale Differenzierungen geben.

Optimisten nehmen an, daß diese Prozesse in der neuen historischen Evolution besser gesteuert werden können als bisher. Pessimisten fürchten, daß Krisenphase und Kolonialisierung dauernde Konfliktherde züchten, die uns an den Rand von Katastrophen bringen können.

Beiden soll die realistische Sicht gegenübergestellt werden, daß es keine einheitliche Entwicklung geben wird, sondern gewaltige regionale Differenzierungen, sowohl wirtschaftlicher wie sozialer Natur. Das gibt einem "Überdach" Europa mehr Aufgaben und damit Chancen. Das erlaubt aber auch mehr inneren Ausgleich, der allerdings in beträchtlichem Maß mit Mobilität verbunden sein muß. Wien liegt sehr nahe an diesen neuen Mobilitäts-Strömen und kann davon nicht unberührt bleiben.

Es scheint daher bezüglich der unvorhersehbaren Entwicklungen ein leichter Optimismus gepaart mit vorausplanender Vorsicht am angemessensten. An sich darf Wien auf positive Wachstumsimpulse hoffen, muß aber mit einzelnen Wellen unerwünscht starken Zustroms an Menschen rechnen und mit einigem neuen Wettbewerb um Entwicklungsvorteile.

Optionen für die Politik

Für Österreich und für Wien bleibt dabei immer ein gewisser Bewegungsraum politischer Steuerung. Auf welches Ziel soll sich diese ausrichten? Es gibt da drei grundlegende Optionen, die gleich möglich erscheinen und letztlich von der politischen Willensbildung abhängen – drei Visionen für Wien:

1. Insel der Lebensqualität

Zuwanderung und Einpendeln werden mit Rücksicht auf die interne Lebensqualität gebremst, Produktion und Verkehr aus der Stadt abgehalten. Eine nicht industrialisierte, nicht großstädtische Regierungsstadt ohne Völkergemisch wäre das Ziel.

Drei Visionen für Wien

2. Wachstumspol

Wien soll, in Konkurrenz zu Berlin, Mittelpunkt eines wirtschaftlichen Ballungsraumes von internationaler Bedeutung und Prägung werden, Drehscheibe und Verkehrsknotenpunkt – wobei durchaus eine starke Vergrößerung der Bevölkerung in einer "kompakten Stadt" auf beträchtlich mehr als heute, mit multikulturellem Charakter, als wünschenswert betrachtet wird.

3. Geistiges Zentrum

Alle hochwertigen Funktionen (Kultur, Bildung, Geschäftsverkehr, High Tech) werden mit starkem interkulturellen Akzent gefördert; Massen-Nutzungen (Billig-Industrie, Billig-Einkaufszentren, Trivial-Kultur, Sightseeing-Tourismus) aus der Stadt abgehalten. Eine Internationalisierung von Wien wird angestrebt, aber bei sehr gemäßigtem Bevölkerungswachstum und starker Fluktuation (Studienaufenthalte, Sitz von Firmenvertretungen und übernationalen Institutionen).

Eine so ausgeprägte langfristige Zielvorgabe wird zwar in der politischen Willensbildung einer Demokratie unserer Zeit nicht unmittelbar möglich sein, doch könnte sich durch eine längere öffentliche Diskussion eine Schwerpunktsetzung für die Politik ergeben, die dann weitgehend konsistente Entscheidungen erlaubt (was dazu beitragen sollte, Problemlösungen so anzusetzen, daß sie erwünschte Trends verstärken – statt behindern). Eine in den Prinzipien klare und auf Ziele gerichtete Entwicklungspolitik für Wien muß Probleme vermeiden oder bewältigen und Chancen wahrnehmen.

Probleme der Zuwanderung

Als die größten Probleme sind abzusehen:

1. Verkehr

Im Knotenpunkt Wien wird sich ein Transitverkehr kreuzen, der das Inntalproblem "verblassen" läßt; auch der Besucherzustrom wird sich ebenfalls vervielfachen.

2. Wohnungsnot

Wird Wien Wachstumspol, so droht Slum-Bildung; entwickelt sich Wien zum geistigen Zentrum, so bedarf es einer gewaltigen Qualitätsverbesserung der Wiener Wohnungen.

3. Kulturkonflikt

Wien ist schon durch seine Geschichte weniger fremdenfeindlich als manch andere Großstadt, doch der Entwicklung zu einem wirklich interkulturellen Zentrum (mit verbreiteter Mehrsprachigkeit und internationalem Kulturleben) stehen noch Lernaufgaben von gewaltigem Umfang bevor (vergleichbar dem Übergang zur Computer-Literarität).

Bei allen drei Problemen besteht die Gefahr, daß es zu ernstlichen Anpassungsschwierigkeiten kommt, die auch die politische Balance aufs Spiel setzen können.

Gelingt es Wien, eines der drei Ziele optimal anzusteuern, so wird die Stadt – wie schon einmal in der Zwischenkriegszeit durch die Realisierung von Aspekten des Wohlfahrtsstaats-Modells – zum Vorbild für die Lösung des kommenden Welt-Problems, der "neuen Völkerwanderung" aus der Dritten Welt. Die rapide Modernisierung im Osten ist nur ein Musterfall für das, was sich bei der Modernisierung und Demokratisierung der Entwicklungsländer in weit größerem Umfang abspielen wird. Dazu werden neue Regulations-Formen der Zuwanderung "erfunden" werden müssen, die Humanität mit geordneten Entwicklungen vereinen.

Die rapide Modernisierung im Osten ist nur ein Musterfall für das, was sich bei der Modernisierung und Demokratisierung der Entwicklungsländer in weit größerem Umfang abspielen wird.

Außerdem wäre ein derart erfolgreicher Entwicklungspfad Wiens zu einem interkulturellen Zentrum weltstädtischen Ranges bei Bewahrung des Charakters einer grünen, lebenswerten Stadt überschaubarer Größe ebenfalls ein Ideal für die Zukunft der Städte überhaupt.

Ernst Gehmacher, D.I.,
wissenschaftlicher Leiter und
Mitglied der Geschäftsleitung des IFES,
Institut für empirische Sozialwissenschaft.
Publikationen in den Bereichen Umfrageforschung,
Makrosoziologie, politische Ökonomie,
Landwirtschaft, Architektur-Soziologie.

Einstellung der Wiener Bevölkerung zu unterschiedlichen Gruppen von Ausländern

in Prozent

Einstellung	eher freundlich	eher ablehnend	neutral
Österreicher zu den Türken und Jugoslawen	11	55	33
Persönlich zu den Türken und Jugoslawen	33	20	45
Österreicher zu Zuwanderern aus Ungarn und der CSFR	25	37	33
Persönlich zu Zuwanderern aus Ungarn und der CSFR	35	19	44

Quelle
IFES, Einstellung zu demographischen Veränderungen (bei Ausländern) vor dem Hintergrund stärkerer Zuwanderung. Im Auftrag der MA 18, Wien 1990

Erwartete Auswirkungen im Zuge einer stärkeren Zuwanderung für Wien und seine Bewohner
in Prozent

Durch eine stärkere Zuwanderung würde ...	trifft zu	trifft nicht zu
Wien zur Weltstadt mit internationalem Ansehen werden	58	39
die Kriminalität in Wien deutlich ansteigen	74	24
es dann ein interessantes kulturelles Leben in der Stadt geben	59	37
dadurch die Arbeitslosigkeit der einheimischen Bevölkerung ansteigen	63	33
sich die Umweltqualität der Stadt verschlechtern	64	32
es zu Spannungen und Konflikten zwischen Einheimischen und Zuwanderern kommen	81	17
Österreich einen wichtigen Beitrag zur Völkerverständigung liefern	77	19
freie Wohnungen in Wien knapp und damit teuer werden	82	15
es zu einer deutlich stärkeren Verschmutzung der Stadt Wien und der städtischen Einrichtungen kommen	68	31

Quelle
IFES, Einstellung zu demographischen Veränderungen (bei Ausländern) vor dem Hintergrund stärkerer Zuwanderung. Im Auftrag der MA 18, Wien 1990

Dynamik – auch eine Frage von Interessen

Szenarien für eine wachsende Stadt

Annahmen zur Migration

Zur Berechnung der Szenarien-Eckdaten

Status quo-Szenarien

EG-Szenarien

Sao Paulo-Szenario

Materielle Existenzsicherung

Abwehr von Verarmungsrisken

Kommunale Sozialpolitikbereiche

Wohnungsmarkt

Steigendes Verkehrsaufkommen durch Migration

Technische Infrastruktur

Boden und städtische Umwelt

Kindergärten

Schulen

Begegnung der Kulturen

Stadtbilder

Wien 2010
Eine Synopse

Hans-Jörg Hansely

Das kommende Jahrzehnt wird vor allem durch das Wirtschafts- und Währungsgefälle zwischen West- und Osteuropa geprägt sein. Was das praktisch bedeutet, wird einem schon aktuell recht anschaulich vor Augen geführt: Besucherströme in beide Richtungen, die einen kommen um Konsumgüter, die sie nicht bezahlen können, zumindest anzusehen; die andern, um mit überlegener Kaufkraft zu konsumieren, wie man es sich "daheim" niemals leisten könnte. Attraktiv ist die Situation z.B. für Schwarzhändler und Schwarzarbeiter aus den Nachbarländern, die auf österreichischem Boden zwar recht wenig für ihre Waren und ihre Arbeitskraft erhalten, aufgrund der Wechselkurse aber dennoch einen – an den Verhältnissen ihres Heimatlandes gemessen – beträchtlichen Vorteil erzielen. Auch für die österreichischen Wirtschaftstreibenden entstehen neue Chancen, können sie sich doch mit billigen Arbeitskräften eindecken oder Betriebe dorthin verlagern, wo Arbeitskosten und behördliche Auflagen die Produktion weniger stark belasten als in Österreich. Auf der Sollseite steht weiters, daß sich für Österreich natürlich auch neue Export- und andere Kooperationsmöglichkeiten eröffnen.

Ob in dieser sehr speziellen wirtschaftlichen Situation mehr als nur kurzfristig nutzbare Potentiale angelegt sind, läßt sich mangels Erfahrung mit solchen Rahmenbedingungen nicht ohne weiteres beantworten. Wünschenswert wäre jedenfalls, daß in den Reformländern auf längere Sicht stabile Ökonomien entstehen, die Austauschverhältnisse ermöglichen, wie sie sich zwischen bereits entwickelten Ländern eingespielt haben. Ob diese Perspektive realistisch ist? Kann es, im Schnittpunkt so unterschiedlicher Ökonomien, überhaupt zu einem Aufholen der Schwächeren kommen? Oder werden die Reformländer den Status von westeuropäischen Kolonien haben, die einen Teil ihrer Probleme in die ökonomisch stärkeren Länder exportieren?

Dynamik – auch eine Frage von Interessen

In der Einschätzung, ob ein stärkerer Zustrom ausländischer Arbeitskräfte und allgemein von Ausländern wünschenswert ist, sind die Standpunkte geteilt. Teile der österreichischen Unternehmerschaft und ihre Interessensvertretungen sind stark an billigen Arbeitskräften interessiert und plädieren für eine möglichst lockere Handhabung der Ausländerbeschäftigung. Die Arbeitnehmerseite spricht sich hingegen für eine stark kontrollierte Ausländerbeschäftigung aus – doch sind den Kontrollmechanismen ganz offensichtliche Grenzen gesetzt.

Während die rechtlichen Regelungen von einer klaren Abgrenzung zwischen Inländern und Ausländern ausgehen, verliert für eine sozial- und wirtschaftswissenschaftliche Untersuchung diese Unterscheidung viel an Trennschärfe. In einer weiteren historischen Perspektive ist der überwiegende Teil der Wiener Bevölkerung "ausländischer" Herkunft. Davon zeugt ein Blick in das Namensregister des Wiener Telefonbuches. Und dennoch sind sie "Wienerinnen" und "Wiener". Ein Ungar, der als Kind im Jahr 1956 nach Wien zog, mag trotz einer besonderen Sprachfärbung sich selbst als ansässig (und gar nicht "fremd") verstehen. Wie steht es mit einer Polin, die Anfang der achtziger Jahre floh, heiratete, ein Kind aufzog, sich aber heute nach einer Trennung von ihrem österreichischen Partner alles andere als "zu Hause" fühlt? Der Rückgriff auf individuelle und sozialpsychologische Befindlichkeiten (unter Berücksichtigung der Verhaltensweisen der "ansässigen" Bevölkerung) ist keineswegs gekünstelt, wenn es um eine ernsthafte Auseinandersetzung um die politischen Implikationen erhöhter Migration geht.

Denn ist jemand, der seit Jahren in Wien arbeitet und lebt (sei es auch unter elenden marginalisierten Bedingungen) noch ein "Fremder"? Wie lange "dauert" Integration? Diese Fragen können als Hinweis auf die notwendige Relativierung aller quantitativen Szenarien verstanden werden, die stets von einer vorgegebenen Identifikation von Migranten als Fremde ausgehen.

In den siebziger und beginnenden achtziger Jahren, als nirgendwo Anzeichen für eine mögliche Bevölkerungs- und deutlich stärkere wirtschaftliche Dynamik Wiens abzusehen waren, stellte sich Wiens Stadtpolitik auf "Verlustminimierung" ein. Der noch geltende Stadtentwicklungsplan symbolisiert gewissermaßen diesen Zugang. Wien rechnete also nicht damit, an Bedeutung zu gewinnen, wollte aber auch nicht zuviel davon abgeben. Wie schon eingangs angeführt, zeichnen sich nun mit der Öffnung der Ostgrenzen die bisher für eine gegenteilige Sichtweise fehlenden Wachstumspotentiale ab.

Ist jemand, der seit Jahren in Wien arbeitet und lebt noch ein "Fremder"?

Und schon entsteht auch z.T. das Bedürfnis, die sich bietenden Chancen im Sinne einer expansiven Politik zu nutzen; nicht nur, indem Wien durch zusätzliche Arbeitskräfte vermehrte wirtschaftliche Möglichkeiten erschlossen werden, sondern auch durch Stärkung der Konkurrenzsituation Wiens im allgemeinen, durch adäquate Nutzung seiner Lagegunst gegenüber dem sich nach Osten und Norden hin eröffnenden Wirtschaftsraum.

In die Diskussion dieser sicherlich äußerst komplexen Fragen wird mit der vorliegenden Veröffentlichung eingestiegen, wobei sowohl quantitative als auch qualitative Aspekte einer wachsenden Bevölkerung den Hintergrund abgeben:

1. Welche Probleme und Anforderungen ergeben sich aus einem rein zahlenmäßigen Bevölkerungswachstum und welche Begrenzungen und Möglichkeiten bestehen zu deren Bewältigung?

2. Wie ist darauf zu reagieren, daß das zahlenmäßige Wachstum mit einer Verschiebung der Bevölkerungsstruktur hin zu einer stärkeren ethnischen und nationalitätsmäßigen Durchmischung verbunden sein könnte?

3. Wie tauglich sind die vorhandenen administrativen und politischen Instrumente angesichts solcher Anstrengungen?

4. Welche Konsequenzen für Landverbrauch, städtischen Verkehr und Umwelt würden sich aus Bevölkerungswachstum innerhalb der gegebenen Stadtgrenzen ergeben? Verlangen nicht gerade ökologische Überlegungen ein Vorgehen nach raumübergreifenden Konzepten?

5. Wie müßte eine integrierte Ausländerpolitik aussehen, die das Nebeneinander-Agieren der verschieden betroffenen Politikfeldern überwindet?

Szenarien für eine wachsende Stadt

Wiens Bevölkerung wuchs in den letzten Jahren wieder: von 1,504.395 (1986) auf 1,531.648 (1988). Das Wachstum ist auf die Zunahme der ausländischen Wohnbevölkerung zurückzuführen, denn die österreichische Bevölkerung schrumpfte im gleichen Zeitraum von 1,384.088 auf 1,370.938. Die Zahl der wohnhaften Ausländer stieg laut Bevölkerungsevidenz im selben Zeitraum von 120.307 auf 160.710. Um Ausmaß und Strukturen der Ausländerzuwanderung nach Herkunftsländern zu skizzieren, ist man auf Angaben der Bundespolizeidirektion Wien über polizeilich gemeldete Ausländer angewiesen. Diese Zahlen liegen in der Regel über denen der Fortschreibung der Bevölkerungsevidenz (die Daten der Fremdenpolizei sind durch Doppelmeldungen bzw. zu geringe Abmeldungen überhöht).

1975 waren demnach 128.840 Ausländer in Wien polizeilich gemeldet, 1987 waren es hingegen bereits 208.604. Die darin inkludierte Zahl der anerkannten Konventionsflüchtlinge bewegte sich in den Jahren 1975 bis 1982 jeweils zwischen 3.000 und 4.000, ab 1983 pendelt sie um die 5.000. Der Zuwachs der Ausländer rührt im wesentlichen aus drei Quellen:

1. Verdreieinhalbfachung der türkischen Bevölkerung von 11.223 (1975) auf 40.951 (1989). Der starke Anstieg der türkischen Bevölkerung ist nur zum Teil auf eine Zunahme der Beschäftigung von Türken zurückzuführen, stärker wirkten sich

der Nachzug von Familienangehörigen und eine gegenüber den Österreicherinnen deutlich höhere Geburtenrate bei türkischen Frauen aus.

2. Zuwanderung von Polen. Die Zahl der in Wien registrierten Polen ist besonders ab Ende der siebziger Jahre stark gewachsen: Waren es 2.620 im Jahr 1975 und 1981 etwas mehr als 9.000, so sind es 1989 bereits rund 17.000 gewesen. Wesentlich weniger signifikant ist die Entwicklung der Zahl von in Wien gemeldeten Ungarn: Bis 1979 kam es sogar zu einer Verminderung der anwesenden Ungarn, seit 1979 haben sie sich jedoch von 1.325 auf 4.171 verdreifacht – absolut betrachtet eine nach wie vor kleine Zahl. Noch geringer ist die Bedeutung von Personen aus der CSFR: ihre Zahl zeigte ab 1975 eine abnehmende Entwicklung von etwa 1600 auf 1200 Anfang der 80er Jahre, seitdem ist der Trend leicht steigend und hielt 1989 bei rund 2000.

Der Anteil von Ausländern an der Wiener Gesamtbevölkerung liegt somit heute bei etwas mehr als 12 Prozent

3. Die derzeit auf die nord- bis südöstlichen Reformländer konzentrierte öffentliche Diskussion verdrängt, daß es auch Zuwanderung aus dem afrikanischen, asiatischen und arabischen Raum gibt: 1975 waren 9715 Ägypter, Iraner, Jordanier, Indonesier und Japaner in Wien wohnhaft, 1989 waren es fast 30.000, d.h. auch hier eine Verdreifachung innerhalb der letzten 15 Jahren.

Der Anteil von Ausländern an der Wiener Gesamtbevölkerung liegt somit heute bei etwas mehr als 12 Prozent, 1975 betrug er knapp 8 Prozent. Nach wie vor dominieren jugoslawische und türkische Staatsangehörige. Sie stellen zusammen rund 60% der ausländischen Bevölkerung Wiens (etwa 40% Jugoslawen und 20% Türken).

Schon in der jüngeren Vergangenheit zeichnet sich also ab, was Gegenstand der vorliegenden Arbeit ist: ein Bevölkerungswachstum Wiens, das zunehmend von ausländischen Zuwanderern getragen wird. Die folgenden Ausführungen beschäftigen sich mit der Frage, wohin die Bevölkerungsentwicklung angesichts neuer Möglichkeiten (z.B. offene Grenzen und eine in Bewegung geratene europäische Politik) führen könnte.

Annahmen zur Migration

Die nachfolgenden Quantifizierungsvarianten des für Wien in Hinkunft zu erwartenden Bevölkerungszuzugs haben alles andere als den Anspruch, eine solche Entwicklung zu prognostizieren. Diesen kann gegenwärtig wohl niemand erheben: Zu groß sind die Fragezeichen und Unsicherheiten, zu wenig konturiert die politischen und wirtschaftlichen Aussichten im europaweiten Zusammenhang, im europa-regionalen Umfeld Österreichs und in Österreich selbst. Ausmaß und Zusammensetzung einer künftigen Zuwanderung von ausländischer Bevölkerung nach Wien, hängen unter anderem ab von:

1. der Entwicklung der europäischen Politik, vor allem vom Umgang der reichen Länder Europas mit den ärmeren, in Europa selbst und außerhalb Europas;
2. der österreichischen Außen- und Ausländerpolitik, die ihrerseits wieder von der Politik der westeuropäischen Länder beeinflußt ist;
3. den zeitlichen Mustern ökonomischer und politischer Entwicklungen;
4. der Art und Weise, wie die ökonomisch schwachen und politisch instabilen Länder in der Lage sind, mit ihren Problemen fertig zu werden;
5. der wirtschaftlichen und politischen Position Österreichs, besonders aber Ostösterreichs und Wiens, die sich im Zuge der europäischen Neuformierung herausbildet.

Die Kombination aller möglichen Ausprägungen ergibt eine schier endlose Zahl von Varianten. Wir verwenden deshalb "Szenarien", die die Einflüsse auf die künftige Bevölkerungsentwicklung Wiens reduzieren und zu leicht faßlichen Bildern, zu Lasten von wissenschaftlicher Akribie, verdichten. Die Szenarien sind in drei Gruppen zusammengefaßt.

Zur Berechnung der Szenarien-Eckdaten

Es wird angenommen, daß jährlich eine gleichbleibende Zahl von Zuwanderern den Weg nach Wien findet, wobei der Zuwandererstrom, da er überwiegend von Arbeitsmigranten geprägt ist, sich nach Qualifikationen unterschiedlich zusammensetzt. Drei Qualifikationsgruppen werden verwendet:

1. Gruppe A besteht aus hochqualifizierten Personen (z.B. Akademiker und Maturanten). Sie finden den Weg nach Wien meist im Rahmen eines bereits bestehenden Arbeitsverhältnisses, viele von ihnen haben familiären Anhang. Im Durchschnitt bedeutet 1 Zuwanderer der A-Gruppe den Zuzug einer weiteren, nicht-erwerbstätigen Person.

2. Gruppe B umfaßt mittelqualifizierte Berufstätige, wie z.B. Facharbeiter. Diese Personen sind jünger; ein größerer Teil von ihnen beginnt erst ab Eintreffen, sich um einen Arbeitsplatz umzusehen. Daher kommt nur ca. die Hälfte oder weniger mit familiärem Anhang, auf je zwei berufstätige Zuwanderer entfällt eine nicht-berufstätige Person.

3. Gruppe C setzt sich einerseits aus unqualifizierten Personen und andererseits aus zwar qualifizierten, aber unter ihrem Qualifikationsniveau einsetzbaren oder effektiv eingesetzten Personen zusammen. Mangels ausreichender materieller Basis haben nur wenige familiären Anhang: Nur eine nichtberufstätige Person entfällt auf 10 Arbeitssuchende.

Es wird angenommen, daß jährlich eine gleichbleibende Zahl von Zuwanderern den Weg nach Wien findet, wobei der Zuwandererstrom sich nach Qualifikationen unterschiedlich zusammensetzt.

Entsprechend den unterschiedlichen Ausgangsbedingungen gelingt es den einzelnen Qualifikationsgruppen nicht im gleichen Maße, in Wien einen festen Wohnsitz zu begründen bzw. besteht gar nicht erst die Absicht (Arbeitspendler). Es werden demnach unterschiedliche Etablierungs- und Integrationswahrscheinlichkeiten angenommen. Nur die Zuwanderer der A-Gruppe entwickeln zur Gänze dieselben Verhaltensweisen wie die heimische "Elite".

Bei den anderen beiden Gruppen wurde die Wahrscheinlichkeit der Integration mit teils deutlich unter 100 Prozent – bis zu nur 45% – angenommen. Eine niedrige "Integrationswahrscheinlichkeit" ist hier Ausdruck dessen, daß bei überwiegender Zuwanderung gering Qualifizierter die effektiven Möglichkeiten, sich zu etablieren, schlechter sind. Außerdem ist anzunehmen, daß auch seitens der staatlichen und städtischen Politik geringeres Interesse besteht, in höherem Ausmaß potentielle "Problembevölkerung" zu integrieren.

Entsprechend den in den jeweiligen Rahmenbedingungen enthaltenen Annahmen variiert die Mischung nach Qualifikationsgruppen. Die Variationen der Szenarien "Status quo" und "EG" gehen von einer gleich hohen jährlichen Zuwanderung im Ausmaß von 6.000 Personen aus. "Szenario Dauerkrise" und "Szenario Weißbuch-EG" unterscheiden sich trotz des gleichen Mischungsverhältnisses durch politische und ökonomische Optionen, die in den Szenarien näher ausgeführt sind. Im "Sao Paulo- Szenario" wurden 12.000 Zuwanderer jährlich angenommen.

Die Bevölkerungs- und Stadtentwicklung Wiens wird vor allem von der Entwicklung in den benachbarten Reformländern bestimmt sein.

Aufgrund der absoluten Zuwanderungszahlen und der Annahmen über die Wahrscheinlichkeit der Niederlassung in Wien sowie der den Migranten zugesprochenen Verhaltensweisen bezüglich Haushalts- und Familiengründung ergeben sich die in den Szenarien dargestellten möglichen demografischen Entwicklungen. Für die Wiener Wohnbevölkerung am Beginn des Jahres 1990 gehen wir von einem gerundeten Wert von 1,52 Millionen aus.

Status quo-Szenarien

Im folgenden werden zwei Status quo-Szenarien entworfen, die unter der Annahme stehen, daß – ceteris paribus – die Bevölkerungs- und Stadtentwicklung Wiens vor allem von der Entwicklung in den benachbarten Reformländern bestimmt sein wird. Wir nennen sie "Szenario Stabilisierung" und "Szenario Dauerkrise".

"Szenario Stabilisierung". Dieses Szenario geht vom Leitgedanken einer Stabilisierung in den Reformländern aus.Bis zum Jahr 2010 wächst die Bevölkerung Wiens auf 1,62 Millionen

Einwohner an. Das Segment der unqualifizierten Arbeitskräfte wird langfristig um zusätzliche 44.000 Personen mit teils temporären, teils ungesicherten, teils auch illegalen Arbeitsverhältnissen verstärkt. Im zeitlichen Verlauf konzentriert sich die oben beschriebene Entwicklung stark auf die ersten 5 bis 10 Jahre der Periode 1990 bis 2010. Das ist etwa jener Zeitraum, in dem die Reformländer noch mit größeren Schwierigkeiten aufgrund des Umbaus ihrer Ökonomien zu kämpfen haben. Der Zuzug von ausländischer Arbeitsbevölkerung nach Wien könnte in der Dekade 1990 bis 2000 deutlich über dem Durchschnittswert von 6.000 liegen, in der nachfolgenden Dekade allmählich auf Werte deutlich unter dem langzeitlichen Durchschnitt zurückgehen. Die zeitliche Ungleichverteilung der Arbeitskraftzuflüsse hat zur Folge, daß in der ersten Hälfte der Periode nur wenig Haushaltsgründungen und damit auch wenig endogenes Wachstum der Ausländerbevölkerung stattfinden. Erst in der zweiten Dekade ist an die Zuzüge von Arbeitskräften auch ein stärkeres Wachstum der nicht-arbeitenden Ausländerbevölkerung geknüpft, sozusagen als Nachhall der vorangegangenen Entwicklung.

"Szenario Dauerkrise". Gegenüber dem "Szenario Stabilisierung" wird eine Dauerkrise in den Reformländern angenommen, was folgende geänderte Annahmen bedeutet: Das wirtschaftliche Klima in den Reformländern bessert sich nicht durchgreifend, nicht einmal auf lange Sicht zeichnet sich ein Hoffnungsschimmer ab. Die politischen Spannungen nehmen zu. Im Gefolge der anhaltenden wirtschaftlichen Schwierigkeiten bestehen die politischen Spannungen fort und verschärfen sich. Ein ständiger Flüchtlingsstrom, bei dem sich politische und wirtschaftliche Beweggründe kaum unterscheiden lassen, ist die Folge. Unter den Flüchtlingen und Auswanderern findet sich ein bedeutender Anteil qualifizierter Arbeitskräfte.An die Integrationspolitik sind aufgrund des Zwangs der Fakten höhere Anforderungen gestellt, denen sich die Politik widerwillig fügt. Bei 6.000 Zuwanderern pro Jahr und einer angenommenen Zusammensetzung dieser Wanderung aus deutlich mehr qualifizierten Personen wächst die Bevölkerung Wiens auf 1,64 Millionen an (gegenüber 1,62 im "Szenario Stabilisierung"). Die Zahl der temporären und illegalen Arbeitskräfte ist mit 33.000 um knapp 1/4 geringer als in "Szenario Stabilisierung" – eine Folge der verschärften österreichischen Ausländerpolitik.

In der zeitlichen Struktur der Wanderungen ist gegenüber "Szenario Stabilisierung" eine gleichmäßigere Verteilung auf die beiden Dekaden bis 2010 zu erwarten: Denn die österreichische Ausländerpolitik reagiert rasch auf die sich abzeichnenden verstärkten Zuzüge und verfügt wirksame Beschränkungen. Dadurch bleibt das jährliche Ausmaß der Zuwanderungen auch in der ersten Dekade auf der Höhe des Durchschnitts von jährlich netto 6.000. Dagegen reißt aber die Zuwanderung in der zweiten Dekade nicht ab, weil sich die wirtschaftlichen und politischen Zustände in den Reformländern nicht wesentlich bessern.Wegen der vielfach fehlenden Perspektive der Rückkehr ins Heimatland, ist von vornherein ein relativ hoher Integrationsbedarf vorhanden. Die gegenüber "Szenario Stabilisierung" bessere Qualifikationsstruktur der Zuwandernden ist mit positiven wirtschaftlichen Impulsen verbunden, was die Integration erleichtert, aber auch höhere Ansprüche mit sich bringt. Erleichtert wird die Integration auch durch qualifikationsbedingt größere Selbsthilfefähigkeit der Zuziehenden, sofern ihnen ausreichende Starthilfen geboten werden.

EG-Szenarien

"Szenario Stabilisierung" und "Szenario Dauerkrise" könnten nur bis Mitte der 90er Jahre von Relevanz sein. Für die Zeit danach wird alles weitere davon abhängen, welche Gestalt eine neue europäische Ordnung annehmen und welche Position Österreich innerhalb dieser Ordnung besitzen wird. Eine Schlüsselrolle kommt dabei der künftigen Politik der EG zu. Soviel aus heutiger Sicht noch unklar ist, läßt sich hierzu doch sagen: Ein enges Verhältnis zu der EG bzw. sogar eine Mitgliedschaft steht zur Zeit auf der Wunschliste zahlreicher europäischer Länder. Sie alle erhoffen sich von der EG die Unterstützung des als erforderlich angesehenen ökonomischen Strukturwandels, vermehrte Investitionen und die Teilnahme an der dynamischen Entwicklung, die die EG schon jetzt und erst recht nach Begründung des Binnenmarktes ab 1993 verheißt. In der Warteschlange stehen neben Österreich die Türkei, Zypern und Malta, einige Reformländern fassen die EG-Option als zumindest langfristige Perspektive auf.Zwei große Entwicklungslinien bieten sich für eine nähere Betrachtung an: Die EG wird entweder "weißbuchgemäß" gestaltet, wobei Österreich als 13. Mitglied einbezogen wird, oder die EG wird eine "offene EG", die die Vollendung des Binnenmarktes entsprechend dem Zeitplan zwar weitertreibt, parallel dazu bzw. im Anschluß daran aber Lösungen entwickelt, um ein geeignetes Verhältnis zu allen kooperationswilligen Ländern zu finden. Die beiden im folgenden beschriebenen Szenarien erhalten entsprechend die Bezeichnung "Szenario Weißbuch EG" und "Szenario Offene EG".

Eine Schlüsselrolle kommt der künftigen Politik der EG zu.

"Szenario Weißbuch EG". Quantitativ betrachtet ist die Zuwanderung nach Wien so wie in "Szenario Dauerkrise" geschichtet und führt daher zu einer Bevölkerung von 1,64 Millionen bis zum Jahr 2010. Rund 33.000 ausländische Pendler und Schwarzarbeiter, zu einem großen Teil aus den Reformländern, bilden die Arbeitsmarktreserve. Die Zuwanderung von Wohnbevölkerung setzt sich zu je 1/3 aus Asylwerbern, EG-Ausländern und auch aus Inländern zusammen. Die in der EG stark ausgeprägten Konzentrationsprozesse bewirken nämlich in den strukturschwachen Gebieten Österreichs, in Gewerbe und Industrie ebenso wie in der Landwirtschaft, Betriebsschließungen und in deren Gefolge Verluste von Arbeitsplätzen. Diese setzen einen neuerlichen, wenn auch nicht allzu umfangreichen Inländerzuzug in die Ballungsgebiete in Gang; Inländer-Pendelbewegungen nach Wien verstärken sich weiter. Der Zuzug von EG-Ausländern verbleibt, trotz garantierter Freizügigkeit, in Grenzen. Es gibt im EG-Raum attraktivere Ziele als Wien.

"Szenario Offene EG". Gegenüber "Szenario Weißbuch EG" sind folgende Annahmen abgeändert: Die EG erklärt sich bereit, ihre ökonomischen Möglichkeiten in den Dienst des gleichgewichtigen ökonomischen Aufbaues von ganz Europa zu stellen. Die Anforderungen sind angesichts des Umfangs der Probleme nicht eben gering, doch nachdem die ersten Schritte getan sind und positive Wirkungen zeigen, wächst auch das Interesse Japans und der Vereinigten Staaten, in Europa massiv zu investieren. Aufgrund der geänderten Voraussetzungen wird der EG-Beitritt Österreichs weitgehend bedeutungslos.

Die Reformländer nehmen erstaunlich rasch eine positive Entwicklung, im Europa der Regionen entfalten sich vielfältige Austauschbeziehungen und es kommt zu einem lang anhaltenden und selbsttragenden wirtschaftlichen Aufschwung.

Die Bezeichnung "Sao Paulo" soll zum Ausdruck bringen, daß unter bestimmten Voraussetzungen zum Teil Verhältnisse wie in Metropolen der Dritten Welt entstehen können.

Wiens geografische Lage, lange Jahre hindurch als Nachteil empfunden, erweist sich nun als großer Vorteil: An den Schnittlinien wichtiger Verkehrswege zu aufstrebenden Volkswirtschaften gelegen, übernimmt Wien gegenüber dem Südosten Europas die Rolle eines "dispositiven Zentrums", die es auch stets in bezug auf Österreich innehatte. Finanzkraft und in hohem Maße verfügbare technische und anderweitig spezialisierte Intelligenz erzeugen ein stark innovatives Klima.

Es setzt eine Zuwanderung ein, die in hohem Maße von qualifizierten Personen getragen ist und sich nicht auf bestimmte Herkunftsländer beschränkt. Eine Ende der 90er Jahre erstellte Bevölkerungsprognose sagt voraus, daß Wiens Bevölkerung bis 2010 auf fast 1,71 Millionen Einwohner anwachsen wird.

Sao Paulo-Szenario

Als letztes soll noch eine Art "Extremszenario" skizziert sein. Die Bezeichnung "Sao Paulo" soll zum Ausdruck bringen, daß unter bestimmten Voraussetzungen zum Teil Verhältnisse wie in Metropolen der Dritten Welt entstehen können (was eingestandenermaßen ziemlich überspitzt ist).

Dem liegt die Annahme zugrunde, daß im jährlichen Durchschnitt 12.000 überwiegend unqualifizierte Arbeitskräfte nach Wien strömen, die sich hier mit schlecht bezahlten und Gelegenheitsarbeiten durchbringen. Nur dem kleineren Teil gelingt es, in Wien Fuß zu fassen, viele nicht-permanente und illegale Arbeitsverhältnisse sind die Folge.

Aus der Perspektive der Gegenwart kann man sich nur wenige politische Rahmenbedingungen vorstellen, die eine solche Entwicklung erlauben; denn die österreichische Ausländerpolitik würde mit der Masse und der Problemhaftigkeit der Zuwanderer ihre Bemühungen verstärken, die Zuwanderung einzubremsen. Das Mißlingen dieser Bemühungen wäre also eine der Voraussetzungen für den Eintritt dieses Szenario.

Obwohl es der Mehrheit der Zuwanderer nicht gelingt, sich in Wien mit einem Wohnsitz niederzulassen, ergibt sich langfristig dennoch ein kräftiges Bevölkerungswachstum auf mehr als 1,71 Millionen. Die Zuwandererhaushalte sind, soweit sie sich etablieren können, überdurchschnittlich kinderrreich. Das Arbeitskräfteangebot steigt stark, wobei die wohnhafte Arbeitsbevölkerung zwar nur mäßig über den anderen Szenarien liegt, die nicht-permanente Arbeitsbevölkerung (Pendler, Schwarzarbeiter, etc.) hingegen beträchtlich höher ist. Wien hätte also sowohl mehr ständige Wohnbevölkerung und zusätzlich noch Arbeitskräfte ohne Langzeitperspektive zu erwarten, als auch in großem Umfang interimistisch hier Wohnende (z.B. Wochenpendler).

Wien könnte unter diesen Bedingungen besonders in den Politikbereichen Wohnen, Soziales, Verkehr, Sicherheit und Arbeitsmarkt in Bedrängnis kommen. Zweck des "Sao Paulo-Szenario" ist es, in einigen heiklen Bereichen die Dimensionen einer extremen Entwicklung anzudeuten.

Materielle Existenzsicherung

Unter den derzeit ablaufenden politischen und wirtschaftlichen Prozessen zeichnen sich Problemverschärfungen und Interessenskollisionen ab. Die "offenen" Grenzen haben diesseits und jenseits verschiedenste Interessen und Hoffnungen geweckt – vom Einsatz billiger Arbeitskräfte über die mögliche

Eindämmung des sogenannten Facharbeitermangels bis zur Aussicht für Bürger der Reformländer, ihr Realeinkommen durch Arbeitspendeln enorm zu erhöhen. Es gibt folglich eine neue ausländische Konkurrenz am Arbeitsmarkt, die nicht nur inländische Arbeitslose und Problemgruppen in Bedrängnis bringt, sondern auch die traditionellen Gastarbeiter der ersten und zweiten Generation, die in den 70er und frühen 80er Jahren nach Österreich kamen.

Abwehr von Verarmungsrisken

Die sozialpolitischen Anforderungen aus einer verstärkten Zuwanderung von ausländischen Arbeitskräften werden durch mehrere Faktoren und durch Wechselwirkungen zwischen den einzelnen Bereichen der sozialen Sicherheit geprägt. Ob überhaupt, und in welchem Maß, das Sozialwesen auf einen Stützungsbedarf von Ausländern reagiert und Hilfe gewährt, ist in erster Linie vom Zugang zu sozialen Leistungen abhängig, also von deren sozialen Rechten. Entsprechend den jeweiligen integrations- und sozialpolitischen Absichten ist der sozialrechtliche Status der Ausländer beizubehalten oder auszubauen. Wirtschaftswachstum, Absorptionsfähigkeit des Arbeitsmarktes und Einkommensverhältnisse sind die primären Faktoren, die über Be- und Entlastungsentwicklungen in den einzelnen Segmenten der sozialen Sicherheit entscheiden. Bedeutende direkte Auswirkungen sind auch von der Tertiärisierung (bzw. Quartärisierung) der Wirtschaft zu erwarten. Folgt man der These, daß mit einer Tertiärisierung ein Anwachsen von materiell, sozial und arbeitsrechtlich schwach abgesicherten Arbeitsverhältnissen einhergeht – Teilzeitarbeit im Freizeit-, Kultur- und Kommunikationsbereich –, aber auch eine tendenzielle Dequalifikation stattfindet (Ausweitung von reiner Datenerfassung, reinen Aufsichts- und Kontrolltätigkeiten), dann läßt sich erahnen, daß daraus beträchtliche negative Konsequenzen für das Sozialsystem erwachsen können.

Kommunale Sozialpolitikbereiche

Kommunale Sozialpolitik im engeren Sinn konzentriert sich auf den Bereich Sozialhilfe bzw. Sozialarbeit und spiegelt den anderen Teil des dualen Systems sozialer Sicherheit wider. Die Aufgabenpalette reicht dabei von Jugend- und Familien-, über Erwachsenen- bis zu Altenhilfe.Kommunale Sozialpolitik im weiteren Sinn inkludiert einige über die Subsidiaritäts- und Subsistenzsicherungsfunktion hinausweisende öffentliche Dienstleistungen. Gemeint sind Angebote, die sich zwar auch am Ziel der sozialen Stützung orientieren, aber stärker den Charakter einer subventionierten Dienstleistung für die gesamte Bevölkerung haben. Es handelt sich dabei um kommunale Leistungen wie Krippen und Kindergärten, Horte, Soziale Dienste für Alte, ambulante psychosoziale Einrichtungen, dezentrale Informations- und Beratungsstellen und anderes.

Der jährliche Wohnungsneubau, insbesondere der soziale Wohnbau, ist deutlich zurückgegangen und wurde von der Peripherie stärker in innerstädtische Gebiete verlagert.

Wohnungsmarkt

Das in Wien seit Anfang der achtziger Jahre verfolgte wohnungspolitische Konzept beruht auf der Erwartung einer deutlich rückläufigen Stadtbevölkerung und einer geringfügig abnehmenden Zahl der Haushalte; mit der Konsequenz, daß der Umstrukturierung des Wohnungsbestands Priorität vor der weiteren Wohnraumvermehrung zuzukommen habe. Neben dieser sachlichen Grundlage sind budgetäre Restriktionen für die Wohnungspolitik bestimmend. Die vorläufig überschaubaren Erscheinungsformen dieser Politik sind:

1. Der jährliche Wohnungsneubau, insbesondere der soziale Wohnbau, ist deutlich zurückgegangen und wurde von der Peripherie stärker in innerstädtische Gebiete verlagert. Ein größerer Teil des Wohnungsneubaus dient der Umstrukturierung des Wohnungsbestands, als Ersatz für nicht mehr erhaltbaren bzw. erhaltungswürdigen Altbestand. Der Nettozuwachs an Wohnungen liegt bei rund 3.000 Einheiten.

2. Ersatzweise ist der Altbestand an privaten und kommunalen Mietwohnungen in die Versorgung einbezogen: Seine Erhaltung und Modernisierung sollen die längerfristige Verwendbarkeit gewährleisten.

3. Beides, innerstädtisches Bauen und Bestandserhaltung und -modernisierung, soll unter anderem auch städtische Ausgaben für zusätzliche Infrastruktur einsparen helfen.

4. Die Subventionierung des Wohnungswesens erfolgt unter Betonung der haushaltspolitischen Effizienz des Mitteleinsatzes. Eine stärkere Kostenbelastung der Wohnungsnutzer und gezielte Anreize für private Investoren und Anleger, für deren Renditen letztlich ebenfalls die Wohnungsnutzer aufkommen müssen, werden angestrebt.

Aufgrund der restriktiveren Subventionspolitik und geänderter Vorstellungen über die finanzielle Belastbarkeit der Haushalte im Wohnrecht (Mietrechtsgesetz, Wohnungsgemeinnützigkeitsgesetz) haben sich die Wohnungskosten insbesondere seit Mitte der achtziger Jahre stark erhöht.

Steigendes Verkehrsaufkommen durch Migration

Offene Grenzen, wie sie sich zur Zeit abzeichnen, bilden für das Verkehrsaufkommen Wiens eine Reihe von neuen Voraussetzungen. Die Migration, die durch die Öffnung der Grenzen initiiert wird, kann eine Größenordnung erreichen, die den lange dauernden Schrumpfungsprozeß der Wiener Bevölkerung in ein Wachstum umkehrt. Weisen die Migranten auch einen geringeren Motorisierungsgrad als die Wiener Bevölkerung auf, wird es trotzdem zu einer Erhöhung des KfZ-Bestandes in Wien kommen. Finden diese Migranten auf dem Wiener Arbeitsmarkt eine Beschäftigung, dann hauptsächlich im Bereich der nichtqualifizierten Arbeitsplätze in Niedriglohnbranchen. Diese geringeren Einkommen lassen vermuten, daß der Motorisierungsgrad dieser Bevölkerungsgruppe weniger stark wächst als der der gegenwärtigen Wiener Bevölkerung. Gleichzeitig regen diese Arbeitsmigranten ein Wachstum des Bruttourbanprodukts an, das einen verstärkten Wirtschafts-Binnenverkehr und Transitverkehr nach sich zieht.

Der arbeitsmarktbezogene Migrationsstrom bedeutet aber, daß vor allem aus dem Naheinzugsbereich (Bratislava, Sopron) die Arbeitspendelrate nach Wien steigt. Wobei angenommen werden kann, daß der Anteil der Pendler an der Migration mit dem Umfang der Arbeitsmigranten steigt. Diese Verstärkerprozesse des Verkehrs im Wiener Raum greifen aber auch im europäischen Raum. Die Öffnung der Grenzen der osteuropäischen Länder läßt auch die personelle und wirtschaftliche Verflechtung zwischen den bisherigen Blöcken zu. Der Verkehr auf den bisherigen Ost-West- und zum Teil auch Nord-Süd-Strecken wird sich dadurch stark verdichten. Was sowohl den Güter-, Transit-, Tourismus- als auch den Arbeitspendelverkehr betrifft.

Es ist nahezu selbstverständlich, daß Bevölkerungswachstum sowohl bei Energie- und Wasserkonsum als auch bei Abwasser- und Müllproduktion eine Steigerung erzeugen wird.

Technische Infrastruktur

Die in jüngerer Vergangenheit für die Wiener Kommunalpolitik relevanten Zielvorstellungen und Planungen für diese Aufgabenbereiche – im wesentlichen des STEP 1984 und die daran angeschlossenen Detailplanungen – unterstellten eine abnehmende Bevölkerungszahl Wiens. Die Wiener Bevölkerungsentwicklung während der beiden letzten Jahre und die Annahme eines weiteren Bevölkerungswachstums durch Ausländerzuwanderung verändern diese Planungsbasis. Es ist nahezu selbstverständlich, daß Bevölkerungswachstum sowohl bei Energie- und Wasserkonsum als auch bei Abwasser- und Müllproduktion eine Steigerung erzeugen wird, und damit in jedem Fall budgetäre und ökologische Zusatzbelastungen schafft.

Zusätzliche Wohnbevölkerung initiiert nicht automatisch eine qualitative Veränderung der strukturellen Bedingungen in den technischen Dienstleistungen, jedoch bewirkt sie sicher einen quantitativen push-Effekt. Wie stark dieser ist und ab wann er neue Strukturprobleme erzeugt, hängt entscheidend von Volumen und Geschwindigkeit der Zuwanderung ab, also vom Wanderungssaldo pro Zeiteinheit.

Boden und städtische Umwelt

Probleme würden sich ergeben, wenn die langfristigen, räumlichen und strukturellen Konzepte und Maßnahmen für diese Infrastrukturleistungen nur gering kompatibel sind mit dem schließlich eintretenden Bevölkerungswachstum. Einerseits ist eine zu geringe Dimensionierung möglich, was planungs- und erstellungsmäßig gerade bei diesen stark leitungs-, flächen- und anlagegebundenen Dienstleistungen zu Versorgungsdefiziten führt und zu Nachinvestitionen zwingt – primär ökologisch problemschaffend, weil zwischenzeitlich umweltbelastende Substitute genutzt würden. Andererseits besteht auch die Gefahr einer Überdimensionierung, einer Aufblähung dieser Angebote in Erwartung einer zu hoch geschätzten Zuwanderung, was primär (aufgrund der hohen Kapitalbindungen) betriebswirtschaftlich und gebührenmäßig problematisch sein würde.

Jedenfalls wirkt der Bevölkerungszuwachs auf die Wohnungsmarktnachfrage anspannend

Die von der Öffnung der Grenzen ausgelöste Dynamik bedeutet in diesem Kontext eine zusätzliche Belastung bzw. Verschärfung der bodenverknappenden Trends in der Stadt Wien. Bisher wurden die bodenverknappenden Tendenzen Wiens durch sinkende Bevölkerungszahlen abgeschwächt. Die zu erwartende Arbeitsmigration nach Wien wird aber in Zukunft diesen Trend in einen Wachstumsprozeß umkehren.

Jedenfalls wirkt der Bevölkerungszuwachs auf die Wohnungsmarktnachfrage anspannend. Daran ändert auch die Tatsache nichts, daß die durchschnittliche Nachfrage nach Wohnraum bei Migranten niedriger ist als die der Wiener Bevölkerung, da die Migranten auf den untersten Ebenen der Einkommenspyramide beschäftigt sind. Diese Anspannung regt unmittelbar Preissteigerungen an, was einer sozialpolitisch ausgewogenen Stadtplanung schon deshalb nicht gleichgültig sein kann, weil dadurch vor allem die weniger wohlhabenden Einkommensgruppen von einem Verlust an verfügbarer Wohnfläche bedroht sind.

Nur eine direkte aktive Intervention in die Wohnraumverteilung durch die Öffentliche Hand kann einer Entwicklung gegensteuern, die für Immobilienbesitzer rasche private Ertragssteigerungen, für die Stadt aber öffentliche Kosten verursacht. Dabei muß die Stadt aktiv ihren eigenen Bestand an Wohnungen gezielt in die Planung einbeziehen, ohne einseitig auf zusätzlichen bodenverbrauchenden Neubau innerhalb der Stadtgrenzen zu setzen. Parallel zur gestiegenen Nachfrage nach Wohnflächen erhöhen die Migration und die Öffnung der Grenzen auch die Nachfrage nach Verkehrsflächen.

Es entsteht sicherlich ein zusätzlicher Bedarf an Kinderbetreuungseinrichtungen.

Kindergärten

Die Bereitstellung von Kinderbetreuungseinrichtungen in Form von öffentlichen oder privaten Tagesheimen stellt eine der grundlegenden Voraussetzungen zur Entlastung berufstätiger Frauen dar. Traditionell und aktuell kommt dabei den Kindergärten die größte Bedeutung zu. Die zweite wesentliche Bedeutung liegt in ihren Sozialisationsfunktionen und ist damit für die Integration von ausländischen Kindern im Vorschulbereich eminent wichtig. Wie gut wäre nun Wien für eine zusätzliche Nachfrage infolge verstärkter Ausländermigration gerüstet? Geht man von einer zukünftigen Konzentration der Zuwanderung aus den Reformländern aus, dann sind deren Tendenzen bei den Geburtenziffern von Relevanz: Sie weisen im allgemeinen eine höhere Zahl von Lebendgeborenen pro Frau auf, gleichzeitig ist aber auch in diesen Ländern eine durchschnittlich sinkende Entwicklung in den letzten Jahren konstatierbar. Langfristig ist eine Angleichung dieser Länder an den westeuropäischen Durchschnitt anzunehmen. Kurz- bis mittelfristig kann man bei einer Zuwanderung aus diesen Ländern davon ausgehen, daß sie ihr generatives Verhalten quasi importieren. D.h., daß sicherlich ein zusätzlicher Bedarf an Kinderbetreuungseinrichtungen entsteht, der über einer linearen Extrapolation der aus den derzeitigen Wiener Trends ableitbaren Entwicklung liegen wird.

Schulen

Über den schon heute für das Jahr 2010 prognostizierten Anteil von schulpflichtigen Ausländerkindern hinaus wird entsprechend den unterschiedlichen Szenarien eine weitere Zunahme von schulpflichtigen Kindern mit nicht-deutscher Muttersprache entstehen. Die Schätzungen variieren, man kann jedoch mit einer Zunahme zwischen knapp 13.000 und mehr als 23.000 bis in das Jahr 2010 rechnen.

Im Pflichtschulbereich wird durch eine aus den Reformländern dominierte Zuwanderung nicht nur ein mehr oder weniger neues Problem aufgeworfen, sondern auch einem schon länger aktuellen Thema der österreichischen Bildungspolitik zusätzliche Brisanz verliehen – steigt doch jetzt schon der Ausländerkinderanteil an Österreichs Pflichtschulen aufgrund der unterschiedlichen Geburtenraten bei österreichischen und ausländischen Familien kontinuierlich an: er beträgt in Wien im laufenden Schuljahr 1989/90 über 25% der Gesamtpflichtschülerzahl. Dies bedeutet für das Schulsystem eine große Herausforderung, vor allem was die Qualität der Ausbildung und die Akzeptanz der Ausländer bzw. ihrer Kinder betrifft. Ein zusätzlicher Migrantenschub würde die Dimension des Problems weiter vergrößern bzw. das österreichische Schulsystem als Ganzes in Frage stellen.

Begegnung der Kulturen

Eine Integration der bereits jetzt in Wien ständig lebenden Ausländer, wie jene etwaiger dazukommender zusätzlicher Zuwanderer hat die Lösung verschiedener Probleme wie Arbeit, Wohnen, Soziales, Bildung etc. zur Voraussetzung.

Kulturelle Integrationspolitik in bezug auf ethnische Minderheiten muß als Alternative zu Marginalisierung und Assimilierung die Möglichkeit der "Mehrfachloyalität" beinhalten.

Erste Voraussetzung für das Gelingen von – ohnehin sehr schwierigen – Bemühungen um multikulturelle Integration ist zweifellos ein Gesamtkonzept der Integrationspolitik, eine gemeinsame Zielformulierung, die sich auch in gesetzlichen Maßnahmen niederschlägt. Dann erst sind flexiblere Strategien zu diskutieren, zu erproben und zu evaluieren. Ziel wäre die Erreichung einer multikulturellen Gesellschaft und die Verhinderung eines unerträglichen Grades von ethnischer Schichtung bzw. Segmentation.

Allgemein muß einer Kultur-Diskussion ein Grundsatz vorgeschaltet sein, der lautet: Die Beseitigung der strukturellen und rechtlich-politischen Ungleichheiten ist eine erste notwendige, wenn auch nicht hinreichende Bedingung zur Schaffung einer multikulturellen Gesellschaft.

Kulturelle Integrationspolitik in bezug auf ethnische Minderheiten muß als Alternative zu Marginalisierung und Assimilierung die Möglichkeit der "Mehrfachloyalität" beinhalten.

Zu bedenken ist, daß trotz allgemein guter Wirtschaftslage ökonomisch und sozial benachteiligte Bevölkerungsgruppen zunehmen können. Eine "neue" Marginalisierung bei nicht allein ethnisch benachteiligten Gruppen ist nicht nur vorstellbar, sondern leider auch wahrscheinlich. Zu ihnen würden sicherlich unterqualifizierte Migranten gehören. Ein entsprechendes kulturelles Angebot, genauso wie die Möglichkeit der Entfaltung von Subkulturen, vielleicht einer vielfältigen multikulturellen Subkultur, könnte Entsolidarisierung und Radikalisierung – vielleicht sogar entscheidend – verhindern helfen.

Stadtbilder

Nachfolgend werden die Überlegungen der eingangs entwickelten Skizzen zu Art und Umfang von Ausländerzuwanderung sowie die Ergebnisse der Engpaßprüfungen der fachlich ausgerichteten Beiträge zu "Stadtbildern" zusammengefaßt. Die Stadtbilder stellen im Unterschied zu den in Abschnitt zwei ausgeführten Szenarien zur Bevölkerungsentwicklung eher Stadtimpressionen dar, unter Verzicht auf Vollständigkeit und Anreicherung mit "harten" Tatbeständen. Die jeweils typischen Merkmale der angenommenen Rahmenbedingungen werden unterstrichen, die weniger wesentlich erscheinenden nur gestreift.

Zwischenstation. Das folgende Stadtbild setzt eine mäßige Zuwanderung von Arbeitsbevölkerung voraus, wobei diese Personen rechtlich gesehen überwiegend Gastarbeiterstatus haben. Diese Annahmen entsprechen im wesentlichen jenen im Bevölkerungsszenario "Stabilisierung".

Wiens Wirtschaft wächst im Ausmaß von rund 3% pro Jahr, während es in den nahegelegenen Regionen der Reformländer zu einer allmählichen wirtschaftlichen Konsolidierung und Stärkung der Innovationskraft kommt. Dies erlaubt diesen Regionen über längere Perioden ein Wirtschaftswachstum, das über jenem Wiens liegt. Allerdings liegt das ökonomische Niveau, von dem diese Regionen ausgehen, spürbar unter jenem Realeinkommen, das sie am Ende der achtziger Jahre bereits erreicht hatten. Die Einkommens- und Produktivitätsunterschiede zwischen Wien und den Reformländern bestehen noch lange fort und führen zu einer fortgesetzten Migration vor allem wenig qualifizierter Arbeitskräfte.

Diese Migration ist ein Ersatz für die regionale Mobilität anderer Produktionsfaktoren; da Faktoren wie "unternehmerisches Know-How" oder "Marktnähe" oder "Vernetzung mit Partnern" nicht beliebig übertragbar sind (jedenfalls weitaus schwieriger als Finanzkapital in Form von Krediten und Beteiligungen), bedarf es einer erhöhten Mobilität des Faktors "Arbeit".

Während in den Reformländern Arbeitskräfte mit hoher und mittlerer formaler Bildung und Qualifikation stark nachgefragt werden, können wenig Qualifizierte nicht mit der Eingliederung in den regulären Arbeitsmarkt rechnen. Sie kommen nach Wien und üben hier vorwiegend Hilfstätigkeiten aus. Im besten Fall finden sie eine Anstellung zum Kollektivlohn, sofern sie überhaupt über eine Arbeitserlaubnis verfügen. Ein Großteil dieses Personenkreises ist indes auf Gelegenheitsarbeit verwiesen. Bei einem geringen Stundenlohn verrichten sie schwere, schmutzige, häufig auch gefährliche Arbeiten. Nur bei langen Wochenarbeitszeiten erreichen sie Monatslöhne, die das Existenzminimum überschreiten.

Jene Bereiche der urbanen Wirtschaft, in denen "graue Formen" der Leistungserstellung zu realisieren sind, wachsen. Dies bekommen insbesondere Kleingewerbetreibende in Form eines deutlich erhöhten "Preisdrucks" zu spüren, den sie in Form von Lohndruck weitergeben. Es entsteht eine Dynamik, innerhalb derer der Konkurrenzmechanismus zu einer Erosion standardisierter Beschäftigungsverhältnisse in Niedriglohnbereichen führt; der informelle Sektor dehnt sich aus.

Die Zuwanderer leben in den Gründerzeitvierteln auf engstem Raum; oder sie nehmen eine Pendlerexistenz auf sich, um ihren Haushalt außerhalb Wiens (häufig in ihren Ursprungsorten) mit niedrigeren Kosten führen zu können. Die Deutschkenntnisse dieses Personenkreises sind so bescheiden, daß ihre Unsicherheit gegenüber österreichischen Institutionen stets groß bleibt; sie sind auf vermittelnde Dritte angewiesen. Sie leben in Wien in einer eigenen Subkultur, deren Ausdrucksformen gegenüber der Lebenswelt in ihrem Ursprungsort armselig wirken. Es mögen sich in Krisensituationen plötzlich hohe Migrantenwellen aufbauen; oder bei einem raschen Wachstumstempo der Reformländer mögen die betrieblichen Brückenschläge nach Wien kontinuierlich zunehmen.

Jene Bereiche der urbanen Wirtschaft, in denen "graue Formen" der Leistungserstellung zu realisieren sind, wachsen.

Soweit die zuziehende Bevölkerung in Wien einen festen Wohnsitz begründet, wächst für sie der Spielraum für die politische, institutionelle, soziale, kulturelle und ökonomische Anpassung. Diese wird von bestimmten Bevölkerungsgruppen als zunehmender Druck wahrgenommen und schafft auch politischen Unmut. Jedenfalls wird in den Gründerzeitvierteln die Nachfrage nach Wohnraum steigen. Dies fördert die ökonomische Verwertbarkeit von Wohnraum mit geringer Qualität (sowohl was die Wohnungsgröße als auch die Umweltbelastungen und die Verfügbarkeit öffentlichen Raumes betrifft). Die Wohnungskosten ärmerer Haushalte steigen, während gleichzeitig die Hoffnungen ganzer Viertel auf Auflockerung sinken.

Der verbleibende öffentliche Raum wird verstärkt von Personen benutzt, die sich aufgrund ihrer beengten räumlichen Situation und ihrer materiellen Armutslage gezwungen sehen, auf vorhandene Grünanlagen, Plätze und Straßenräume auszuweichen.

Dabei kommt es zu einem Verdrängungswettbewerb sowohl zwischen sozial schwachen Ansässigen als auch zwischen verschiedenen Migrantengruppen. Das Leben der wohlhabenden Wiener Haushalte bleibt von der Migration vorerst kaum berührt; bestimmte persönliche Dienstleistungen werden billiger angeboten, was die Lebensqualität dieser Wiener hebt und ihre Freizeitbudgets ausweitet. Die Verdichtung des städtischen Lebensraumes trifft diese sozialen Schichten kaum. Auch der kulturelle Erfahrungsbereich wird durch die starke Präsenz Süd- und Osteuropas kaum beeinflußt; Wien bleibt für die "oberen Zehn-Prozent" der Haushalte der östlichste Teil Westeuropas. Die kulturelle Kraft der Reformländer erreicht die Wiener Buchhandlungen weiterhin über Frankfurter Verlagshäuser.

Einzig im Straßenverkehr bekommen alle sozialen Gruppen Wiens die Verdichtung zu spüren. Der ständig steigende Individualverkehr bewirkt eine Überlastung des Straßennetzes, die häufig Blockierungen und Zusammenbrüche auslöst. Nur ein beschleunigter Ausbau öffentlicher Verkehrsmittel vermag die Ende der achtziger Jahre bereits erreichten Geschwindigkeits- und Bequemlichkeitsstandards urbaner Mobilität zu sichern.

Stadt der Nationalitäten. Die Nationalitätenidee des frühen 19.Jahrhunderts findet anfangs der neunziger Jahre in den Reformländern viel Widerhall. Die "Nation" und "nationalen Minderheiten" dienen als symbolisch scharf konturierte Fläche, auf die vielfältige politische, soziale und ökonomische Konflikte projiziert werden. Der Widerstreit mündet häufig in Boykotten, in Diskriminierung und in Tätlichkeiten und löst Abwanderung aus, von der sich auch ein Migrantenstrom nach Wien abzweigen wird. Dies gilt insbesondere für jene Minderheiten, die keine leicht identifizierbare "Herkunftsregion" besitzen, oder jene Personengruppen, die nicht in eine (ihnen persönlich oft völlig fremde) "Heimat" zurückkehren wollen. Diese Annahmen entsprechen in etwa jenen des Bevölkerungsszenarios

"Dauerkrise". Mit gewissen Modifikationen könnte das Szenario "Offene EG" ähnliche Stadtbilder liefern. In diesem zweiten Stadtbild ist der Anteil der Personen mit Hoch- und Mittelschulbildung wesentlich größer. Gleichzeitig finden sich unter den Migranten auch mehr "qualifiziert ausgebildete" Personen.

Der besondere Migrationsgrund und der höhere Bildungsgrad der Zuwandernden löst eine spezifische Dynamik aus. Es entstehen kulturelle, organisatorische und wirtschaftliche Kristallisationspunkte der zuwandernden "Minderheiten". Dies drückt sich auch in einer Viertelbildung aus, denn die Migranten suchen (auch sprachlich) in Wien nicht die rasche Assimilation, sondern einen neuen Lebensraum, der ihnen die Entfaltung ihrer spezifischen Identität ermöglicht. Vorerst suchen auch diese Migranten in dichtverbauten Gebieten ihre besonderen Schwerpunkte; doch die eine oder andere "Nationalität" mag schließlich auch am Stadtrand kleine Kolonien bilden. Das räumliche Zusammenrücken ermöglicht den Aufbau eines Netzwerkes zur gegenseitigen materiellen, sozialen und kulturellen Unterstützung. Die Migranten bevorzugen die Dienste "ihrer" Landsleute; dies sichert auch den Personen, die auf Hilfstätigkeiten beschränkt sind, ein Auskommen. Allerdings begünstigt gerade die "gemeinsame" Migrantenwelle das Entstehen von grauen Arbeitsmärkten, in denen reguläre soziale Absicherung durch Klientelismus ersetzt wird.

Es entstehen kulturelle, organisatorische und wirtschaftliche Kristallisationspunkte der zuwandernden "Minderheiten".

Den Nationalitätenmigranten ist ausdrücklich an der Bewahrung ihrer sprachlichen und kulturellen Identität gelegen. Sie gründen Privatschulen und versuchen, auch in öffentlichen Schulen die Einrichtung von Unterrichtsstunden für eine "zweite" Muttersprache durchzusetzen. Die Zahl der Migranten reicht aus, um kleine Kellerbühnen in tschechisch, polnisch und ungarisch zu erhalten. Sie ergänzen das Angebot der bereits bestehenden türkisch-, jugoslawisch-, englisch- und französchsprachigen Kulturzentren. Die erfolgreichsten dieser Produktionen finden ihren Weg auf große Bühnen Wiens, die zunehmend "Originalfassungen" von Stücken anbieten.

Es entstehen Nationalitätengaststätten und -cafés, in denen die Kellner die Bestellung eines "Einspänners" in vielen Sprachen entgegennehmen können. Die Welt Ost- und Südeuropas öffnet sich dem Westen. Dies führt zusätzlich Touristen nach Wien, die immer häufiger in Filmen europäischer Starregisseure von dieser Fabelwelt multikulturellen Zusammenlebens gehört haben; sie bestaunen farbenfrohe Umzüge zu Nationalfeiertagen; die prächtigsten veranstaltet der "Club der K&K privilegierten Türken in Wien".

Während die (häufig auch in das bloß Kommerzielle abgleitenden) Spektakel auf Widerwillen unter den Intellektuellen und künstlerischen Eliten der Migranten stoßen, finden die Abteilungen der neugegründeten "Universitas", in der reguläre Hochschulkurse in fremden Sprachen abgehalten werden, ihr größtes Interesse. Große internationale Stiftungen beschließen den Aufbau einer Bibliothek, die den Kulturen des Donauraums gewidmet ist. Die Bibliothek wird anläßlich der Jahrtausendwende auf dem Gelände der Weltausstellung 1995 eröffnet; die bärtigen Philologen lachen über die Surfer auf der Neuen Donau.

Die reiche multikulturelle Infrastruktur veranlaßt Unternehmen, die auf transnationale Beziehungen mit dem Donauraum spezialisiert sind, Konzernstützpunkte in Wien zu errichten. Dies ermöglicht Wienern, die in diesen Unternehmen tätig sind, auch in den Konzernzentralen im Ausland Fuß zu fassen; ihren Kenntnissen verdanken es österreichische Betriebe, daß ihre Offerte auf verstärktes Interesse bei ausländischen Betrieben stoßen. Das Wiener Gewerbe erlebt einen Aufschwung; nicht zuletzt auch durch Zuliefertätigkeit an Betriebe, die ehemals in Wien tätig, nun an einem der Knotenpunkte der Verkehrs- und Industrieachsen, die von Wien ausstrahlen, produzieren.

Das Wirtschaftswachstum Wiens beträgt im langfristigen Durchschnitt drei Prozent. Der Entindustrialisierungsprozeß hält an; die Dienstleistungsbranchen gewinnen weiter an Bedeutung. Der ansässigen Bevölkerung stehen zahlreiche Arbeitsplätze, die ein hohes Qualifikationsprofil aufweisen, offen.

Allerdings sieht sie sich auf allen Ausbildungs- und Bildungsstufen einer spürbaren Konkurrenz durch die Migranten ausgesetzt. Es gelingt nicht, die Arbeitslosigkeit vollständig abzubauen; wobei Personen, deren Mobilität aufgrund von familiären Versorgungspflichten beschränkt ist, die unter Berufskrankheiten und Behinderungen leiden, oder sich nicht auf merkliche Minderungen ihrer Lohnerwartungen einlassen wollen, mit Dauerepisoden rechnen müssen. Der Anteil der Migranten unter den Arbeitslosen entspricht jenem unter den Erwerbstätigen.

Innerhalb des öffentlichen Kommunalhaushaltes kommt es zu einer Gewichtsverlagerung zugunsten von Tätigkeiten, die auf "Organisieren", "Betreuen", "Aktivieren" gerichtet sind. Der Aufwand in "hardware" geht dagegen relativ zurück. Die Stadt wird bunter, lebhafter und weniger aufgeräumt.

Die reiche multikulturelle Infrastruktur veranlaßt Unternehmen, die auf transnationale Beziehungen mit dem Donauraum spezialisiert sind, Konzernstützpunkte in Wien zu errichten.

Insgesamt steigen die Kosten für Wohnraum, wozu nicht zuletzt das verstärkte Interesse des internationalen Immobilienkapitals an Wien beiträgt. Haus- und Bodenbesitz wird auch wieder zu einer wichtigen Einnahmequelle einer Schicht von "Rentiers", die sich aufgrund von mehr als einem halben Jahrhundert ungestörter Ansammlung und Vererbung von Privatbesitz gebildet hat. Auf die steigenden Wohnkosten reagiert die Wiener Bevölkerung mit reduzierten Wohnraumansprüchen. Die Gemeinde hat durch eine offensive Kommunalisierung der dritten Welle ausreichend sozialen Wohnraum geschaffen, um Wien zur Stadt Europas mit der geringsten Anzahl (relativ) von Delogierungen zu machen.

Die Grünbereiche des Stadtgebietes konnten dem erhöhten Druck nicht ganz standhalten. Ein Revitalisierungsprogramm für das öffentliche Grün hat sich aber als notwendig erwiesen, um der Übernutzung öffentlichen Grüns auszuweichen. In den Sommermonaten vergeht kaum ein Wochenende, an dem nicht die Feuerwehr ausrücken muß, um "Grillbrände" zu löschen. Jenseits der Donau sind neue große Grünflächen geschaffen worden, in denen die Stadt ihr Programm "Jedem Jahrzehnt sein neuer Wiener Park" verwirklicht.

Dritte Gründerzeit. Dem folgenden Stadtbild liegen im wesentlichen die Annahmen des Szenario "Sao Paulo" zugrunde: Hoher Zuzug von unqualifizierter Bevölkerung. Wiens Gewerbe und Industrie steht in einem Wettstreit mit einzelnen Regionen des ehemaligen Ostblocks. Wird es den Reformländern gelingen, die absolut niedrigen Arbeitskosten in vorteilhafte außenwirtschaftliche Austauschverhältnisse umzusetzen? Dies hängt einerseits von der Produktivitätsentwicklung in den betreffenden Unternehmen ab, andererseits von den Wechselkursen gegenüber dem österreichischen Schilling. Die Wechselkurse werden nicht zuletzt die Inflationsdynamik in den Reformländern widerspiegeln. Dabei mag ein deutlicher Lohn- und Preisdruck sichtbar werden, denn die privatisierten Unternehmen versuchen gegenüber den neugegründeten freien Gewerkschaften den Verteilungswettlauf zu gewinnen; sie setzen die Preise für ihre Produkte hinauf. Dies beantworten die Gewerkschaften mit Lohnforderungen, um das Realeinkommensniveau ihrer Mitglieder zu sichern. Ein Teil dieser industriellen Konflikte wird über Streiks ausgetragen, an denen sich insbesondere auch Bedienstete des öffentlichen Sektors beteiligen, da viele sich in ihren früheren Hoffnungen betrogen sehen, im Staatsdienst ein sicheres Auskommen zu finden. Darunter leidet die Verläßlichkeit öffentlicher Infrastrukturleistungen (insbesondere auf dem Gebiet der Kommunikation).

Diese Entwicklung veranlaßt internationale Unternehmen, ihre Betriebe diesseits der österreichischen Staatsgrenze zu errichten. Einen Teil dieser Produktionsstätten zieht die Wiener Wirtschaftspolitik sogar in das Stadtgebiet hinein. Am Stadtrand entstehen neue Betriebe, von denen auch eine verstärkte Nachfrage nach Vorleistungen des Wiener Gewerbes ausgeht. Allerdings sehen die großen internationalen Investoren keinen Anlaß, ihre Verwaltungseinheiten nach Wien zu verlegen. Vielmehr entstehen im süddeutschen Raum urbane Agglomerationen, die als Zentren für produktnahe Dienstleistungen dienen. Dies bildet einen Anziehungspunkt für junge, gut ausgebildete Wiener, die sich im süddeutschen Raum bessere Berufs- und

Verdienstmöglichkeiten ausrechnen. Es kommt zu einer spürbaren Migration von Erwerbstätigen mit Matura und Hochschulbildung aus Wien heraus. Dies wird durch den Zuzug von Personen der "A-Schicht" aus den Reformländern zwar ausgeglichen, doch kommt es insgesamt zu einer Verschiebung der Wiener Erwerbstätigenstruktur zugunsten bloß unterdurchschnittlich qualifizierter Tätigkeitsspektren. Denn die Wiener Gewerbetreibenden suchen mit Hilfe von Migranten vor allem "Automatisierungslücken" zu schließen.

Ein Großteil dieser Migranten beschränkt sich auf das Pendeln, was jeden Morgen zu einer schweren Belastung auf den Einfallsstraßen nach Wien führt. Zusätzlich zum erhöhten Güterverkehr, der Wien als Drehscheibe zwischen dem süddeutschen Raum und den östlich von Wien gelegenen Regionen des Donauraumes nützt, bewegt sich jeden Tag ein Pendlerstrom auf dem Straßennetz in und um Wien. Die Republik und die Stadt haben zwar das Nahleistungsstraßensystem mit hohem Aufwand ausgebaut, doch hat das erhöhte Angebot zu einer überproportionalen Steigerung des Verkehrs geführt.

Am Stadtrand entstehen neue Betriebe, von denen auch eine verstärkte Nachfrage nach Vorleistungen des Wiener Gewerbes ausgeht.

Um den Pendlerstrom zum Teil abzufangen, sind im Nordosten der Stadt große neue Siedlungsblocks entstanden. Deren Finanzierung erfolgte auf gemeinschaftlicher Basis, um den kommunalen Haushalt zu schonen. In diese neuen Satellitenstädte zieht jener Teil der Migranten, dem es aufgrund seiner Qualifizierung gelingt, im Wiener Erwerbsleben so gut Fuß zu fassen, daß sie die verhältnismäßig hohen Mieten dieser Neubauten tragen können. Der überwiegende Teil der Migranten findet in den alten Gründerzeitvierteln Unterkunft. Dort entstehen moderne Varianten von "Bettgehern"; denn die stark gestiegenen Mieten legen eine "geteilte" Nutzung für Personen nahe, die in Wien nur tage- und wochenweise arbeiten. Der Entkernungsprozeß im dichtverbauten Gebiet kommt völlig zum Stillstand.

Die Heftigkeit der Anpassungskrisen in den Reformländern läßt den Migrantenstrom auf rund zwölftausend Personen im Jahr anschwellen. Noch der schlechteste Arbeitsplatz in Wien scheint vielen Personen gegenüber einer Existenz ohne jede Einkommensquelle vorteilhaft. Trotz einer günstigen Exportkonjunktur kann das Wiener Beschäftigungssystem dieses Arbeitsangebot nicht aufnehmen. Ein Großteil der Migranten rechnet gar nicht mehr damit, auf dem regulären Arbeitsmarkt unterzukommen; sie weichen in Grauzonen aus, in denen es keine soziale Sicherheit und keinen arbeitsrechtlichen Schutz gibt. Es häufen sich die Fälle, in denen Wiener Spitäler Personen zurückweisen, die über keine Krankenversicherung verfügen; selbst die ambulante Behandlung wird auf die akuten Notfälle beschränkt.

Noch der schlechteste Arbeitsplatz in Wien erscheint den Zuwanderern vorteilhafter als eine Existenz ohne Einkommen und Perspektive.

Die wachsende Zahl der in Wien Erwerbstätigen hat dem sekundären Sektor der Stadtwirtschaft neuen Auftrieb gegeben. Allerdings fehlt es an einer ausgeprägten Innovationsorientierung. Das reichliche Angebot an Arbeitskräften, die zum Kollektivvertrag (und darunter) zur Verfügung stehen, läßt aufwendige Investitionen in Anlagen nicht so dringlich erscheinen, wie dies im süddeutschen Raum aufgrund eines durchgängig hohen Lohnniveaus geboten ist. So wächst zwar das Brutto-Urbanprodukt der Stadt mit 3% bis 4% pro Jahr, doch hat das Arbeitsproduktivitätswachstum einen wesentlich geringeren Anteil als dies während der sechziger und siebziger Jahre der Fall war. Die Stadtwirtschaft wächst, aber ihre innere Innovationsdynamik wird geschwächt.

Dies bekommen die Gewerbebetriebe nach einigen Jahren zu jenem Zeitpunkt zu spüren, zu dem sich die Republik entschließt, die Freizügigkeit gegenüber den Reformländern wieder spürbar einzuschränken. Ein jährlich um 12.000 Personen zusätzlich anschwellender Migrantenstrom erweist sich infrastrukturell, sozial und politisch als nicht mehr bewältigbar. Eine selektive Politik wird durch Grenzkontrollen und sanitäts- und gewerbepolizeiliche Maßnahmen durchgesetzt. Die Presse der Reformländer und die liberalen Zeitungen in Paris, Brüssel, Amsterdam und Rom zeichnen das Bild des "häßlichen Österreichs".

Der außerordentliche Wachstumsschub Wiens verlangsamt sich spürbar. Die Erwerbsbevölkerung der Stadt schrumpft sogar wieder leicht. Dies bringt im Alltagsleben breiter Bevölkerungsgruppen eine gewisse Erleichterung. Es wird Bilanz gezogen; es hat sich wohl kaum für die Stadt gelohnt. Große Freiflächen sind unwiederbringlich verloren; die Rückgewinnung von Rändern des städtischen Grünkeils wird Jahrzehnte beanspruchen; ein vitaler Teil der Wiener Erwerbsbevölkerung bringt seine Kraft und Initiative in Süddeutschland ein; die Migranten lassen von ihrer vielfältigen Kultur nichts in Wien zurück; sie waren schließlich nur als Arbeitkräfte gerufen worden und nicht als Menschen, die ihre Ängste, Hoffnungen und Träume für sich, ihre Familien und Freunde hier in Wien hätten verwirklichen wollen.

Dieser Beitrag ist eine Kurzfassung der Studie "WIEN 2010 – Entwicklungstendenzen bei wachsender Bevölkerung und offenen Grenzen"

Hans-Jörg Hansely
Mitarbeiter der Magistratsabteilung 18
Referat Stadtforschung
Fachgebiete:
Soziologie, Demographie,
Stadtentwicklung

Neue wirtschaftliche Kooperationschancen

Wendemarke für Wien

Neue Chancen für umfassende Lösungen

Mehr Flexibilität durch Gesetzesänderung

Beseitigung sozialrechtlicher Diskriminierung

Allgemeine Orientierungslinien

Materielle Existenzsicherung

Eugen Antalovsky

Die raschen Entwicklungen in den osteuropäischen Reformländern nach den turbulenten Ereignissen des Herbstes 1989 verliehen den in unserer Studie "Wien 2010" zentralen Gesichtspunkten Migration und Bevölkerungswachstum schlagartig ganz aktuelle Brisanz. Die Auseinandersetzung mit Fragen der Zuwanderung nach Wien mußte nun vor einem völlig neuartigen geopolitischen Hintergrund stattfinden, nämlich in Bezug zu einer in allen Bereichen stark in Bewegung geratenen europäischen Politik. Gerade für Wien schafft die Öffnung der Ostgrenzen neue, bisher unbekannte Bedingungen, die in vielfältiger Weise als trendverstärkend eingeschätzt werden müssen.

Offensichtlich ist, daß Wien dadurch erstmals seit Jahrzehnten wieder mit einer Dynamik konfrontiert ist, die weit über die mit der EXPO '95 zusammenhängenden Prozesse hinausgehen wird. Eine vordringliche Aufgabe ist es daher, adäquate Handlungsstrategien aufzubauen, um an positiven Effekten partizipieren und langfristige Belastungen vermeiden zu können.

Neue wirtschaftliche Kooperationschancen

Welche Form und Dimension die Dynamik real annimmt, hängt stark von den politischen Rahmenbedingungen ab, die Wien und Österreich vorfinden bzw. sich selbst schaffen. Eine entscheidende Rolle wird dabei das Wirtschafts- und Währungsgefälle zwischen West- und Osteuropa spielen. Ob in dieser sehr speziellen wirtschaftlichen Situation mehr als nur kurzfristig nutzbare Potentiale angelegt sind, läßt sich mangels Erfahrung mit solchen Rahmenbedingungen nicht ohne weiteres beantworten. Wünschenswert ist jedenfalls, daß in den Reformländern auf längere Sicht stabile Ökonomien entstehen, die Austauschverhältnisse ermöglichen, wie sie sich zwischen bereits entwickelten Ländern eingespielt haben.

Für die nähere Zukunft ist anzunehmen, daß sich jedenfalls neue Exportchancen und wirtschaftliche Kooperationsmöglichkeiten entwickeln werden. Es dürfte auch keine Frage sein, daß in den nächsten Jahren aufgrund der wirtschaftlichen Rückständigkeit der osteuropäischen Reformländer ein beachtlicher Migrationsdruck bestehen bleiben wird, und auch nationale Konflikte in den Reformländern könnten eventuell zu neuen Flüchtlingsströmen führen. Die bekannte Migration aufgrund des Nord-Süd-Gefälles wird also um eine solche aufgrund des West-Ost-Gefälles beträchtlich verstärkt werden. Wiewohl es westlich von Österreich sicherlich ökonomisch attraktivere Länder gibt, könnte allein schon die geografische Nähe bewirken, daß ein Großteil dieser Ströme hier "hängen" bleibt. Großstädte wie Wien sind dabei ein logisches Ziel. Wie sich dieser Migrationsdruck in Österreich und hier besonders in Wien niederschlagen und verarbeitet wird, hängt dabei vor allem von der österreichischen Politik der Ausländerbeschäftigung und Einwanderung ab.

Die bekannte Migration aufgrund des Nord-Süd-Gefälles wird um eine solche aufgrund des West-Ost-Gefälles beträchtlich verstärkt werden.

In der Einschätzung, welche wirtschaftlichen, sozialen und gesellschaftspolitischen Konsequenzen ein stärkerer Zustrom von Arbeitskräften aus den osteuropäischen Reformländern bzw. allgemein von Ausländern bedeutet, sind die Standpunkte – wie die Diskussion der letzten Monate deutlich genug zeigte – geteilt. Wie sind nun aber die Interessen in bezug auf Wiens Stadtentwicklung gelagert?

Wendemarke für Wien

Ostösterreich und Wien haben seit dem Zweiten Weltkrieg gegenüber Westösterreich zwar langsam, in der Summe der verstrichenen Jahre aber doch deutlich, an Gewicht verloren. In den siebziger und beginnenden achtziger Jahren, als nirgendwo

Anzeichen für ein mögliches Bevölkerungswachstum und eine deutlich stärkere wirtschaftliche Dynamik Wiens abzusehen waren, stellte sich Wiens Stadtpolitik auf "Verlustminimierung" ein. Der noch geltende Stadtentwicklungsplan (STEP) symbolisiert gewissermaßen diesen Zugang.

Heute aber noch auf ein ruhiges und "konfliktfreies", in seinen Problemen leicht handhabbares Wien zu setzen, heißt zu ignorieren, daß die Frage "Dynamik oder nicht" eben nicht in Wien allein entschieden wird. Wiens Stadtpolitik steht somit an einer Wendemarke.

Der politische Handlungsbedarf der Kommune wird umso geringer sein, je besser die Chancen ausländischer Arbeitskräfte am Arbeitsmarkt sind.

Neue Chancen für umfassende Lösungen

Welche Konsequenzen Bevölkerungswachstum für die Wiener Kommunalpolitik bedeutet, wird in erster Linie von den Bedingungen zur materiellen Existenzsicherung abhängen, d.h. von der Entwicklungskraft der Wiener Wirtschaft, von den sozialpolitischen Rahmenbedingungen und der innovativen Fähigkeit der Stadt, die mit verstärkter Ausländerzuwanderung zusammenhängenden Aufgaben zu lösen. Unbestreitbar ist, daß die Entwicklungen der letzten Monate den Druck verstärkt und bislang latente bzw. nicht ausreichend beachtete Mißstände und Versäumnisse im Umgang mit ausländischen Mitbürgern sichtbar gemacht haben, damit aber auch die Chance bieten, rasche und umfassende Lösungen anzugehen. Angesichts der teilweise noch erheblichen Defizite und Schwierigkeiten im Bereich der Ausländerbeschäftigung und der Ausländerintegration wird es großer Anstrengungen bedürfen; sicher ist die Problembewältigung nicht ausschließlich auf kommunaler Ebene zu bewältigen. Der politische Handlungsbedarf der Kommune wird dabei umso geringer sein, je bessere Verwertungsbedingungen ausländische Arbeitskräfte am Arbeitsmarkt vorfinden – von zentraler Bedeutung sind in diesem Zusammenhang also die Bestimmungen des Ausländerbeschäftigungsgesetzes. Welche Situation hat dieses Gesetz bisher geschaffen? Um nur einige wichtige Aspekte zu nennen:

1. Die Beschäftigungsbestimmungen definieren Ausländer nach wie vor im wesentlichen als Arbeitskräfteverschubmasse und integrationsunterstützende Elemente sind dementsprechend nur fragmentarisch enthalten. Das Ausländer-BG ist im Sinn einer umfassenden Einwanderungs- und Ausländerpolitik unzureichend.

2. Die Wirksamkeit des Konzepts "Beschäftigungsbewilligung" hinsichtlich der existenziellen Stabilisierung und Mobilität ausländischer Arbeitskräfte als auch bezüglich der Bekämpfung von "Schwarzarbeit" ist mehr als fraglich. Nach wie vor ist gerade für Ausländer der zweiten und dritten Generation trotz einiger Erleichterungen die Etablierung am österreichischen Arbeitsmarkt schwierig. Das Ausländerbeschäftigungsgesetz ist wesentlich für die Aufrechterhaltung eines gespaltenen Arbeitsmarktes verantwortlich.

Mehr Flexibilität durch Gesetzesänderung

Eine Teilverbesserung dieser Situation wird mit dem neuen Ausländerbeschäftigungsgesetz erreicht, das mehr Flexibilität ermöglicht und den ausländischen Arbeitskräften bestimmte Vorteile bringt. Es bietet nun als Übergangsstufe zwischen Beschäftigungsbewilligung und Befreiungsschein das Instrument einer maximal zweijährigen – und dann verlängerbaren – Arbeitserlaubnis, wodurch die Abhängigkeit von einem Arbeitgeber reduziert werden kann. Nicht gelöst bleibt weiterhin das Problem, daß unter bestimmten Bedingungen ausländische Bürger der zweiten und dritten Generation am Arbeitsmarkt diskriminiert bleiben.

Abgeleitet aus den aktuellen Entwicklungen zeichnet sich jedenfalls eine Vermehrung der Konkurrenz- und Konfliktfelder am Arbeits- und "Sozial"markt ab; die Gefahr, in der verschärften Konkurrenz am Arbeitsmarkt nicht zu bestehen, steigt für bereits heute diskriminierte bzw. schwache Gruppen – inländische und ausländische "ältere" Arbeitskräfte, Frauen, Minderqualifizierte. Die Veränderung der Konkurrenzsituation am

Arbeitsmarkt, seine Neuformierung durch Einsatz billiger Arbeitskräfte bedeutet neue Konsequenzen im Verdrängungsprozeß und während Phasen der Arbeitslosigkeit, und damit auch andere Anforderungen an Arbeitslosenversicherung, Arbeitsmarktpolitik und Sozialhilfe. Während von solchen Situationen betroffene Inländer im Rahmen der kommunalen Sozialhilfe mit Unterstützung rechnen können, steht auch für bereits schon lange hier lebende Ausländer kein entsprechendes soziales Netz zur Verfügung. Hier müßten ehebaldigst Maßnahmen gesetzt werden, um zumindest auf materieller Ebene die Integrationsansätze ausländischer Bürger nicht zu gefährden und um ihr Verarmungsrisiko zu reduzieren.

Auch für bereits schon lange hier lebende Ausländer steht kein entsprechendes soziales Netz zur Verfügung.

Beseitigung sozialrechtlicher Diskriminierung

In einer auf Integration von Ausländern orientierten Sozialpolitik geht es also primär um die Beseitigung existierender Defizite gegenüber "alten" ansässigen Ausländern. Auf der Ebene der Kommune bedeutet dies, den Zugang von in Wien lebenden Ausländern zu Leistungen der Sozialhilfe zu ermöglichen und damit die sozialrechtliche Diskriminierung zu beseitigen. Im Interesse der Prävention wären weiters spezifische, auf Ausländer und ihre Probleme zugeschnittene soziale und allgemeine Beratungszentren einzurichten, die auch integrationsfördernde Funktionen übernehmen sollten.

Allgemeine Orientierungslinien

Unter dem besonderen Blickwinkel von Wachstum und Ausländerzuwanderung ergeben sich folgende allgemeine Orientierungslinien und Handlungsoptionen für die Wiener Stadtpolitik:

1. Alle Überlegungen und Berechnungen zur langfristigen Entwicklung Wiens unter den neuen Bedingungen in Europa weisen darauf hin, daß die günstigsten Varianten nur dann eine Chance haben, wenn Wien eine Ausländerpolitik zuwege bringt, die interkulturellen Charakter hat – die also sowohl das

Mit- als auch das Nebeneinander verschiedener Kulturkreise akzeptiert und stützt.

2. Für Wien ebenso wie für jede andere Stadt kann Bevölkerungswachstum kein Ziel an sich sein, sondern vielmehr ein Mittel, das die Stadtpolitik in mancher Hinsicht erleichtert, anderseits aber auch (neue) Konfliktebenen verstärkt:

Die Kopfzahl determiniert die Position der Gebietskörperschaft in der Verteilung der Steuermittel.

Die Verfügbarkeit von Arbeitskräften in ausreichender Zahl und qualifikationsmäßiger Strukturierung ist Voraussetzung für eine positive ökonomische Entwicklung und damit ebenfalls Teil der fiskalischen Basis des städtischen Haushalts; ein Überangebot an Arbeitskräften erhöht hingegen den sozialpolitischen Handlungsbedarf und führt zu sozialen Spannungen.

Ein Mehr an gebildeter und regsamer Bevölkerung ist gleichzeitig auch eine wichtige Voraussetzung, um neuen Herausforderungen politischer, ökonomischer und sozialer Art begegnen zu können.

3. Bevölkerungsbewegungen basieren auf Entscheidungen von Individuen, die ihrerseits wieder von übergeordneten politischen, ökonomischen und sozialen Rahmenbedingungen abhängig sind. Die Mittel städtischer Politik – im wesentlichen die Bereitstellung von Infrastruktur und Dienstleistungen – haben auf die individuellen Entscheidungen nur beschränkt Einfluß. Sie können Trends verstärken oder ihnen gegensteuern, sie können aber kaum Trends erzeugen oder gar umkehren. Doch macht es einen großen Unterschied, ob sich die Stadt durch Angebotsverbesserungen, also mit Qualitäten, gegen eine Abnahme der Bevölkerung zur Wehr setzt (wie dies in Wien in den siebziger und achtziger Jahren ja der Fall war), oder ob die Angebote aufgrund eines sich autonom entwickelnden Bedarfs, wie im Fall von raschem Wachstum, bereitgestellt werden müssen, die Stadt also Sachzwängen unterworfen ist: Qualitäten verlieren dann leicht an Bedeutung, wachsende Größenordnungen rücken in den Vordergrund.

4. Qualitatives Wachstum sollte vor quantitativem in den Vordergrund rücken. Qualitatives Wachstum bedeutet im wesentlichen: Raum und Lebenschancen für eine vergrößerte Bevölkerungsbasis bieten, ohne dafür Qualität zu opfern. Für die städtische Angebotspolitik legt qualitatives Wachstum die Beachtung folgender allgemeiner Gesichtspunkte nahe:

Aufgreifen neuer Bedarfslagen und Bereitstellung entsprechender Angebote (etwa für ausländische Bürger).

Beachtung des sozialen Ausgleichs: In Bedarfsfeldern, wo Neubürger mit Alteingesessenen direkt konkurrieren, muß auf eine gleichgewichtige Beachtung der Interessen Wert gelegt werden (typisch hiefür ist etwa der Bereich Wohnen und Arbeit). Es wird fallweise auch unumgänglich sein, bereits bestehende Verteilungskonflikte aufzugreifen.

Qualitatives Wachstum sollte vor quantitativem in den Vordergrund rücken.

Reorganisation von Angeboten: Was für die aktuell vorhandene Bevölkerung gerade noch tragbar ist, kann für eine größere Bevölkerung eventuell nicht mehr durch quantitative Ausweitung, sondern nur mehr durch eine neue Angebotsqualität erträglich gemacht werden (ein typisches Beispiel ist etwa der Politikbereich Verkehr).

Trotz Wachstum Beachtung der Grenzen desselben: Es scheint schwierig, steigende individuelle Ansprüche für eine wachsende Bevölkerungszahl auf gleichbleibendem Raum zu befriedigen. Das Hauptproblem wird wohl darin bestehen, Anspruchshaltungen zu reduzieren bzw. zu relativieren, ohne berechtigte Bedürfnisse zu kurz kommen zu lassen (z.B. Wohnflächen- und Wohnqualitätsansprüche). Werthaltungen und Lebensentwürfe dürfen dabei nicht automatisch außer Diskussion gestellt werden, auch wenn sie stark verbreitet und etabliert sind.

Grenzüberschreitende Stadtentwicklung: Weil die Verfügbarkeit von Boden im Stadtgebiet auf Schranken stößt, die sich nur auf Kosten einer deutlich spürbaren Verschlechterung städtischer Lebensqualität überschreiten lassen, bedarf es einer öffentlichen Sicherung des vorhandenen Bodens, die sich an einem langfristigen Gleichgewicht zwischen Wohnen, Arbeiten,

Freizeit und räumlicher Mobilität orientiert. Erforderlich ist dazu die Neugestaltung der rechtlichen, institutionellen und politischen Instrumente für die Planung und Umsetzung des Konzepts einer "räumlich-differenzierten Funktionsteilung" zwischen Wien, seinem Umland und den daran anschließenden Regionen. Die Problematik der Unvereinbarkeit von administrativen Zuständigkeiten mit einer rationalen Politik der Raumordnung betrifft dabei nicht nur Wien.

Unter den aktuell vorzufindenden Bedingungen muß Stadtpolitik also in einem ausgewogenen Verhältnis von Bedarfs- und Angebotsplanung umgesetzt werden. Handlungsbedarf ist nicht nur vor dem Hintergrund einer wachsenden Bevölkerung relevant, er besteht zum Teil schon jetzt in hohem Maße. Seine Inangriffnahme ist daher sowohl als Lösung akuter Probleme als auch als Vorleistung auf eine in Hinkunft stärker wachsende Stadt von Wert.

Werthaltungen und Lebensentwürfe dürfen nicht automatisch außer Diskussion gestellt werden.

Dieses Referat wurde in schriftlicher Form nachgereicht.

Eugen Antalovsky, Dr. phil.,
wissenschaftlicher Mitarbeiter am KDZ,
Kommunalwissenschaftliches Dokumentationszentrum.
Arbeitsschwerpunkte:
Sozialpolitik,
Stadtentwicklung,
Arbeitsmarkt.

Vergleich der Altersverteilung der Staaten Österreich, CSFR und Ungarn

	Österreich	davon Ostregion	CSFR	Ungarn
Bevölkerungsentwicklung 1960 – 1985 in Prozent	+10,6	–2,8	+13,5	+6,7
Altersstruktur 1985 Anteile in Prozent				
0 bis 14 Jahre	18,6	16,1	24,4	21,4
15 bis 24 Jahre	16,7	15,4	13,9	12,7
25 bis 59 Jahre	44,9	44,5	45,4	47,8
60 und mehr Jahre	19,8	22,9	16,3	18,1

Quelle
ÖROK –
Bevölkerungs-
prognose II
(Durchrechnungen
1981 – 2011)
Wien 1990

Verteilungsprobleme bei Wohnungsneubau

Eingriffe der Öffentlichen Hand

Wohnraumbeschaffung und Verteilungspolitik

Ernst Knoth

Zentralen Stellenwert innerhalb der Diskussionen in der Arbeitsgruppe "Wien 2010" hatte die Frage der Wohnraumbeschaffung.

Eine sehr naheliegende Antwort auf das Wohnungsproblem im Zuwanderungsfall besteht darin, mehr neue Wohnungen zu bauen. Dazu wurden einige Parameter zur Größenordnung des Mehrbedarfs erhoben, die auf einer Wohnungsbedarfsprognose des Instituts für Stadtforschung beruhen: Unter bestimmten qualitativen Annahmen zum Bevölkerungswachstum müßten in den nächsten 20 Jahren in Wien 150.000 bis 220.000 Wohnungen neu errichtet werden. Davon sind etwa 70.000 Ersatzbedarf. Dieser entstünde, wenn die Wiener Wohnungspolitik in hohem Maße Qualitätsziele verfolgt. Bauland würde man für etwa 120.000 bis knapp unter 200.000 Wohnungen benötigen.

Davon ausgehend wurde eine Bilanz erstellt, wieviele Wohnungen in Wien noch gebaut werden können, wenn man den geltenden Stadtentwicklungsplan zugrunde legt und insbesondere dessen Vorstellungen bezüglich der Verkehrsverträglichkeit des Wohnungsbaus und der Flächennutzung. Diese Überlegungen haben ergeben, daß die Obergrenze bei etwa 100.000 zusätzlichen Wohnungen liegt. Unter realistischen Annahmen darüber, welcher Anteil der ausgewiesenen Gründe tatsächlich käuflich erworben und verbaut werden kann, kommt man allerdings nur auf Baulandreserven für 60.000 Wohnungen. Das heißt: Will man die Zuwanderungsproblematik auf dem Wohnungssektor ausschließlich über den Wohnungsneubau lösen, dann ist dies offenbar im Wiener Stadtgebiet nur beschränkt möglich. Entweder muß dann die Stadtentwicklung über die derzeitigen administrativen Stadtgrenzen hinaus betrieben werden oder es werden Möglichkeiten gesucht, den Zusatzbedarf an Wohnungen zu reduzieren.

Ein Minderbedarf würde z.B. dadurch gegeben sein, daß man bei wachsender Bevölkerung sinnvollerweise nicht die gleichen Qualitätsziele verfolgen kann, wie in Erwartung einer stagnierenden oder schrumpfenden Bevölkerung. Außerdem ist nicht unplausibel, daß bei stärkerer Zuwanderung auch die Haushaltsgrößen wieder ansteigen. Mit solchen Überlegungen kommt man auf einen Minderbedarf von 30.000 bis 70.000 Wohnungen, sofern man davon ausgeht, daß mit dem Ausmaß der Zuwanderung auch der "Einsparungsdruck" größer wird. Der Unterschied zwischen einer wachsenden Stadt und einer stagnierenden Stadt ist beim Wohnungsneubau möglicherweise gar nicht so groß: Schon derzeit werden etwa 5.000 Wohnungen pro Jahr fertiggestellt. Unter Ausschöpfung aller Reduktionsmöglichkeiten könnte man in Wien auch 1,7 Mio Menschen unterbringen und mit einem jährlichen Neubauvolumen von vielleicht 6.500 oder 7.000 Wohnungen das Auslangen finden.

Der Unterschied zwischen einer wachsenden Stadt und einer stagnierenden Stadt ist beim Wohnungsneubau möglicherweise gar nicht so groß.

Verteilungsprobleme bei Wohnungsneubau

Wohnungsneubau ist auch, gerade im Hinblick auf überwiegend einkommensschwache ausländische Zuwanderer und auch auf die einkommensschwachen Schichten der österreichischen Bevölkerung, wohl nur bedingt ein Ausweg. Neue Wohnungen kosten in Wien in Bälde etwa 7.000 bis 8.000 öS pro Quadratmeter. Stellt man diesen Kosten das durchschnittliche Haushaltseinkommen der bedürftigen Haushalte von 13.000 bis 15.000 öS gegenüber, ist offensichtlich, daß mit Neubau allein (außer bei massiven Subventionen) die zu erwartenden Versorgungsprobleme nicht gelöst werden können.

Auch daß die neu errichteten teuren Wohnungen von den einkommensstarken Haushalten in Anspruch genommen werden und billiger Wohnraum verfügbar wird, daß also das sogenannte Filtering funktioniert, ist nicht unbedingt zu erwarten. Man müßte dies vermutlich massiv steuern. Das hieße in erster Linie eine selektive Wohnungsversorgungspolitik zugunsten der einkommensschwachen Schichten zu betreiben, was am besten dadurch gewährleistet wird, daß man den noch vorhandenen billigen Wohnraumbestand für eben diese Schichten reserviert und soweit es irgendwie geht, die einkommensstärkeren Nachfragerschichten davon auszuschließen versucht.

Wien hat derzeit noch ganz gute Voraussetzungen für eine solche Politik. Immerhin gibt es 220.000 kommunale Mietwohnungen, von denen ein Großteil als billig bezeichnet werden kann. Um diesen Zustand einigermaßen zu erhalten, bedürfte es eigentlich nur gewisser Beschränkungen bezüglich der Qualitätsansprüche und vor allem der Wohnraumansprüche und zusätzlich gewisser institutioneller Vorsorgen, damit diese Wohnungen tatsächlich bedürftigen Haushalten zugute kommen.

Wien hat derzeit noch ganz gute Voraussetzungen für eine Politik, die billigen Wohnraum für einkommensschwache Bevölkerungsschichten reserviert.

In Hinblick auf Ausländer besteht allerdings das Problem, daß die Vergabebestimmungen derzeit eine Beteilung von Ausländerhaushalten mit kommunalen Mietwohnungen nicht zulassen. Hier wären eventuell Änderungen vonnöten.

Eingriffe der Öffentlichen Hand

Eine Forcierung der gezielten Wohnraumversorgung wäre dadurch möglich, daß man versucht, die derzeit gegebene Wohnraumverteilung in Wien zu ändern. In der Studie wird dazu eine Art einkommensabhängige Miete vorgeschlagen. Welche Steuerungsstrategien eine solche Verteilungspolitik anwenden kann, sei hier einmal offengelassen. Dieses System könnte dazu führen, daß billiger Wohnraum von den eher einkommensstarken Haushalten freigegeben wird.

Zusätzlich wären spezielle Regelungen für den großen Bereich des privaten Mietwohnungsbestands vonnöten. Gerade dieser Bereich war in den letzten Jahren sehr starken Teuerungen unterworfen, die vor allem die schlecht ausgestatteten und vormals eher billigen Mietwohnungen betroffen haben, also die für Wien typischen Zimmer-Küche- oder Zimmer-Küche-Kabinett-Wohnungen, die man bis vor kurzem noch um etwa 5,– öS pro Quadratmeter mieten konnte. Inzwischen zählen diese, auf die Quadratmeterpreise bezogen, zu den teuersten Wohnungen. Gerade in diesen Beständen würde sich voraussichtlich eine sehr scharfe Konkurrenz herauskristallisieren, sollte es zu einer stärkeren Zuwanderung hier in Wien kommen. Darum erscheint es notwendig zu versuchen, die derzeitige Deregulierungspolitik im Mietrecht abzuschwächen und Versorgungsgesichtspunkten stärkere Beachtung zu schenken. Zwar wird eine Rückkehr zu den Zeiten des Mieterschutzes nicht möglich sein, aber Verbesserungen und gebremste Entwicklungen sind durchaus vorstellbar.

Es erscheint notwendig, die derzeitige Deregulierungspolitik im Mietrecht abzuschwächen und Versorgungsgesichtspunkten stärkere Beachtung zu schenken.

Abschließend noch ein Wort zum speziellen Problem der Wohnraumversorgung von Ausländern: Hier ist es unumgänglich, Abgrenzungen zu treffen. Es gibt Ausländergruppen, für die es selbstverständlich ist, daß sie in eine Wohnraumversorgungspolitik einbezogen werden sollen und einbezogen werden können. Das sind vor allem die schon lange anwesenden Gastarbeiterhaushalte, das sind auch Konventionsflüchtlinge und andere Flüchtlinge, also Menschen, bei denen klar ist, daß sie eine längerfristige bzw. sogar lebenslange Verbleibsperspektive in Wien besitzen.

Schwerer wird man sich sicher mit anderen Gruppen von Zuwanderern tun. Speziell geht es hier um neue Gastarbeiter und um Pendler, deren Anzahl sich in nächster Zeit ja aller Voraussicht nach deutlich erhöhen wird. Gegenüber solchen Ausländergruppen ist es für die öffentliche Hand sehr schwierig, aktiv zu werden; sie werden wohl, zumindest auf Zeit, irgendeinem Markt überlassen bleiben. Es erscheint politisch wie auch fiskalisch unmöglich, eine Wohnungsversorgungspolitik "auf Vorrat" zu betreiben. Dies wird natürlich immer wieder zu sozialen Härten führen. Doch erscheint eine Wohnungspolitik nicht durchführbar, die in vielen Fällen die Frage der festen Niederlassung in Wien vorentscheiden würde. Gewisse "ungeordnete Verhältnisse" auf dem Wohnungsmarkt, die mit dem Ausmaß des Zuzugs noch beträchtlich zunehmen werden, müssen wohl in Kauf genommen werden müssen. Doch gilt es, solche Deregulierungen auf einen möglichst geringen Teil der Zuwanderer zu begrenzen.

Ernst Knoth, Mag. rer.soc.oec.,
Leiter der Forschungsabteilung im KDZ,
Kommunalwissenschaftliches Dokumentationszentrum.
Arbeitsschwerpunkte:
Wohnungspolitik, Gesundheitspolitik,
Budgetfragen, Finanzbedarfsplanung,
Organisationsuntersuchung.

Maßnahmen zu erhöhter Integration

Steigender Anteil von Ausländerkindern

Erweiterung der Schulversuche

Integration in der Schule

Matthias Fiegl

Im Rahmen der Studie "Wien 2010" haben die Mitarbeiter des IFES die Bereiche Bildung, also Schulen und Universitäten, den Bereich Sicherheit und den Bereich Kultur und kulturelle Integration bearbeitet. Dieser Beitrag soll sich auf die Frage der Schulen beschränken, da diesem Bereich eine besonders wichtige Integrationsfunktion zukommt.

Schon bei der Betrachtung des derzeitigen Zustands der Wiener Schulen werden Probleme deutlich, die sich durch die erhöhte Immigration aller Voraussicht nach noch verstärken werden. Auch ohne eine zusätzliche Zuwanderung aus den Reformländern wird allein aufgrund der demographischen Gegebenheiten der Ausländeranteil an Wiens Pflichtschulen von derzeit über 25 Prozent weiterhin stark zunehmen.

Nur ein Bruchteil dieser ausländischen Pflichtschüler ist nach Abschluß der Volksschule in der Lage, eine höhere Bildung anzustreben: Der Anteil von Kindern mit nichtdeutscher Muttersprache im Gymnasium beträgt 3 Prozent. Die meisten ausländischen Volksschulabgänger besuchen also eine Hauptschule, während die meisten Kinder deutschsprachiger Eltern – nämlich 80 Prozent und damit 60 Prozent aller Volksschulabgänger – in ein Gymnasium überwechseln. Dies führt natürlich zu einer starken Segregation von ausländischen Kindern in den Hauptschulen.

Zusätzlich besteht eine starke Konzentration von Ausländerkindern in einzelnen Wiener Gemeindebezirken. Im 5., 6., 7., 15., 16. und 17. Bezirk sind 40 bis 50 Prozent der wohnhaften

Kinder ausländischer Herkunft; in manchen Schulen dieser Bezirke beträgt der Ausländerkinderanteil weit über 50 Prozent.

Maßnahmen zu erhöhter Integration

Der Bund, der an und für sich die Hauptkompetenz im Schulbereich trägt, hat bisher noch kaum reagiert, was vielleicht darin begründet sein mag, daß er bundesweite Gesetze erläßt und dadurch nicht auf die spezielle Situation in Wien eingeht. Der Stadtschulrat hingegen hat die (sehr beschränkte) Möglichkeit, auf Entwicklungen kurzfristig mit Schulversuchen zu reagieren, was in Wien auch immer wieder geschieht. Allerdings bewegten sich diese immer breiter angelegten Schulversuche längere Zeit quasi im "gesetzesfreien" Raum, da die rechtliche Regelung vorsieht, daß ein bestimmter Schulversuch nur an 5 Prozent der Standorte durchgeführt werden darf, in Wien aber an weit mehr Standorten Schulversuche zur Förderung von Ausländerkindern gestartet wurden. Mittlerweile sind die legistischen Voraussetzungen dafür geändert worden.

Wien reagiert mit Schulversuchen auf die spezifischen Probleme im Bildungsbereich.

Zu diesen Schulversuchen zählen das Projekt "Begleitlehrer", das Projekt der "Integrativen Ausländerkinderbetreuung" und der "Muttersprachliche Zusatzunterricht". Das Projekt der "Integrativen Ausländerkinderbetreuung", eine Weiterentwicklung des Begleitlehrersystems, entspricht den modernsten pädagogischen Grundsätzen (Teamteaching, Projektunterricht); der "Muttersprachliche Zusatzunterricht" ist als Begleitmaßnahme zu den integrativen Maßnahmen (wie zum Beispiel einer verstärkten Betreuung der Ausländerkinder beim Erlernen der deutschen Sprache) gedacht, und zwar vor allem zur Förderung der Begriffsbildungsfähigkeit, die meistens in der Muttersprache besser ausgebildet ist und deshalb auch das Erlernen der deutschen Sprache erleichtert. Bei der Ausarbeitung weiterführender Strategien stellt sich nun die grundsätzliche Frage, wie sich der Ausländerkinderanteil an den Wiener Schulen in Anbetracht der Liberalisierung im Norden und Osten entsprechend der Szenarien entwickeln wird.

Steigender Anteil von Ausländerkindern

Ohne eine zusätzliche Immigration aus den Reformländern wird der Ausländerkinderanteil allein aufgrund der demographischen Gegebenheiten von ca. 27 Prozent im Schuljahr 1990/91 auf ca. 35 Prozent im Jahr 2000 steigen, dann aber wieder etwas absinken (Einbürgerungen, Absinken der Fertilitätsrate). Im Falle eines Zuzugs von 6.000 Arbeitskräften pro Jahr aus den Reformländern wäre mit einem Anteil von Kindern mit nichtdeutscher Muttersprache von 39 Prozent im Jahre 2010 zu rechnen, im Falle eines Zuzugs von 12.000 Arbeitskräften mit einem Ausländerkinderanteil von weit über 40 Prozent. Dies sind, das sei noch einmal angemerkt, keine Prognosen, sondern fiktive Situationen, die unter den Prämissen der Szenarien eintreten würden.

Es wird an diesen Berechnungen indes deutlich, wie relevant die Frage der Integration von Kindern mit einer anderen Muttersprache auch ohne einen übermäßigen Zuzug von Familien aus den Reformländern für die Entwicklung der Pädagogik und damit verbunden für die Entwicklung der Ausbildungsqualität in Österreich sein wird. Daß dies auch eine Chance für das österreichische Schulsystem darstellt, einen grundlegenden Strukturwandel durchführen zu können und sich zeitgemäßen pädagogischen Vorstellungen zu öffnen, sei hier besonders betont.

Erweiterung der Schulversuche

Hier seien nun einige Maßnahmen vorgestellt, die in ihrer Summe dieser Entwicklung in Form eines Gesamtkonzeptes begegnen und diese für eine multikulturelle und weltoffenere Ausbildung nutzbar machen sollen.

Die schon jetzt vorhandenen Schulversuchsprojekte zur Integration ausländischer Kinder – vor allem das Projekt der integrativen Ausländerkinderbetreuung und der muttersprachliche Zusatzunterricht – sollten überall dort eingeführt werden, wo

Ausländerkinder unterrichtet werden. Das Konzept dieser integrativen Schulformen hat sich bisher an den Schulen Wiens bestens bewährt; es ist zum Großteil ausgereift und die Einführungsschwierigkeiten sind an vielen Standorten bereits überwunden.

Um in der Öffentlichkeit vor allem bei den Eltern und bei den Lehrern die Akzeptanz für die in diesen Projekten angewandten Lehrmethoden wie Teamteaching und Projektunterricht zu erhöhen, bedarf es begleitender "P.R.-Maßnahmen", wie zum Beispiel Informationsabende für die Eltern oder ein "Interkultureller Medienkoffer" mit Lehrmaterialien für den Unterricht mit Kindern aus unterschiedlichen Kulturen und mit unterschiedlichen Sprachen.

Neue Ausbildungsmethoden bedürfen begleitender Aufklärungskampagnen und Weiterbildung des Lehrkörpers.

Bisher wurde im Unterricht an den pädagogischen Akademien überhaupt nicht auf die reale Situation an den Wiener Pflichtschulen eingegangen. Daher wird eine verstärkte Aus- und Weiterbildung der Lehrer in Richtung interkultureller Unterricht dringend empfohlen. Der Stadtschulrat in Wien versucht jetzt schon, Lehrer auf die neuen Anforderungen dieser Schulversuchsprojekte umzuschulen, die ja mittlerweile sehr breit angelegt und daher auch personalaufwendig sind. Denn die Notwendigkeit, Kindern mit einer anderen Muttersprache die deutsche Sprache beizubringen, fremde Mentalitäten zu verstehen und einen Ausgleich zu schaffen zwischen den eigenen Wertvorstellungen und der Mentalität dieser Kinder, die eine funktionelle Assimilation anstreben, erfordert neue Qualifikationen des Lehrkörpers.

Weiters wird eine Senkung der Klassenschülerhöchstzahl und die Doppeltzählung der ausländischen Kinder zur Berechnung der Klassenschülerzahl angeraten, damit der erschwerten Unterrichtssituation durch eine geringere Schülerzahl unmittelbar entsprochen wird. Günstig wäre auch ein Prozentsatz von mindestens 50 Prozent Schülern in einer Klasse mit deutscher Muttersprache, um den ausländischen Kindern die deutsche Sprache lebensnah vermitteln zu können (was bei sogenannten "bunten Klassen" sicher nicht in diesem Ausmaß der Fall wäre).

Um der Segregation der Ausländerkinder in den Hauptschulen entgegenzutreten, sollte sukzessive der Schulversuch "Mittelschule", ein gesamtschulartiges Schulsystem mit großen Lehrerteams und Projektarbeiten in den von Ausländern besonders stark bewohnten Bezirken eingeführt werden. Im 13. und 23. Wiener Gemeindebezirk wird heuer dieser Schulversuch in einen "Schulverbund Mittelschule" übergeführt, so daß es dann hier keine normalen Hauptschulen mehr geben wird und das Abschlußzeugnis der Mittelschule zum Eintritt in die AHS-Oberstufe berechtigt.

Die Aufnahme des Unterrichtsgrundsatzes "Interkulturelles Lernen" in das Schulunterrichtsgesetz wäre die Voraussetzung für ein schnelleres Vorgehen der Bundesgesetzgebung bei der Realisierung der angeregten und von den betroffenen Stellen geforderten Maßnahmen. Auch müßten die Lehrpläne in Hinblick auf die multikulturelle Zusammensetzung der Klassen modifiziert werden.

Auch die Lehrpläne müßten in Hinblick auf die multikulturelle Zusammensetzung der Klassen modifiziert werden.

Daß die Schulpolitik nicht ohne Abstimmung mit anderen Politikbereichen eine Segregation von Ausländerkindern verhindern kann, zeigt unter anderem die Abhängigkeit des Ausländerkinderanteils in manchen Schulen von der Wohnpolitik, die eine Konzentration von Ausländern in manchen Bezirken forciert. Dieser Entwicklung könnte zum Beispiel durch Öffnung der Gemeindebauten für Ausländerfamilien begegnet werden.

Zu guter Letzt wird von uns eine verstärkte Einführung der Immigrantensprachen an Hauptschulen und Gymnasien gefordert, damit einerseits die gewünschte Mentalitätsbrücke besser geschlagen und andererseits die Immigrantenkinder auch in ihrer Sprache unterrichtet werden können, was vor allem dem Erhalt einer eigenständigen Identität und der Förderung der vorher schon besprochenen Begriffsbildungsfähigkeit dienen würde. Diese Sprachen sollten dementsprechend als Wahlpflichtfächer geführt werden.

Dieses Maßnahmenpaket zur besseren Integration der Ausländerkinder in den Schulen von Wien und zur Steigerung der

Ausbildungsqualität durch moderne Lehrmethoden sollte nun auch durch integrative Maßnahmen schon im Vorschulbereich abgerundet werden, wo spielerisch der erste Kontakt zur fremden Kultur und Mentalität aufgenommen werden sollte.

Matthias Fiegl,
Studium der Wirtschaftswissenschaften
und der Biologie in Wien,
seit 1987 als freier Mitarbeiter des IFES,
Institut für empirische Sozialwissenschaft, tätig.

Multikulturalität in Kanada und Australien

Das Schweizer Modell

Betonung der eigenen Kultur im Immigrationsland

Der Mensch als Schöpfer von Kultur

Steuerungsmöglichkeiten der Politik

Der Immigrant als Subjekt

Quantitative Begrenzungen der Integration

Die Diskussion wurde nach thematischen Schwerpunkten zusammengefaßt und vom IWS redaktionell bearbeitet.
Ausführliche Wortmeldungen kamen von:

D.I. Herbert Binder, Dr. Caspar Einem, Jobst Fiedler, D.I. August Fröhlich, Dr. Irene Geldner, Univ.Prof Dr. Hans-Joachim Hoffmann-Nowotny, D.I. Peter Hruza, Barbara John, Dr. Ernst Knoth, Univ.Doz. Dr. Rainer Münz Dr. Edith Pohl, Mag. Hellmut Ritter, Amtsführender Stadtrat Dr. Hannes Swoboda, Univ.Prof.Dr. Josef Steinbach, Mag. Reinhard Troper, Univ.Doz. Dr. Michael Wagner, D.I. Gernot Zoubek

Multikulturalität in Kanada und Australien

Beispiele der Förderung einer multikulturellen Gesellschaft sind Kanada und Australien. In Kanada hat das den Hintergrund, daß es in den siebziger Jahren in einem anglophon dominierten Sprach- und Staatsverband eine Emanzipation von Quebec, also der Franzosen dort, gegeben hat. Aus diesen Separationsbestrebungen entstand die Vorstellung einer Nation mit zwei Sprachkulturen. Dagegen haben sich nun die nicht englischsprachigen Kanadier gewehrt. Es gibt zum Beispiel mehr als eine halbe Million unkrainischstämmiger Menschen in Kanada, die auch deswegen eine ethnische Community darstellen, weil sie eine andere Religion haben. Daraus entstand dann die politische Zielsetzung der Multikulturalität. Jetzt gibt es in Kanada kulturelle Räte oder Beiräte, also ethnische Organisationen für verschiedene Volksgruppen. Dieses Konzept wird dadurch erleichtert, daß es in Städten wie Montreal, Toronto oder Vancouver ethnische Quartiere gibt. Das ermöglicht beispielsweise, daß es in den Schulen ab einer bestimmten Schülerzahl eine halbe Stunde pro Tag Mutter- oder Fremdsprachenunterricht gibt, der sich natürlich nach der ethnischen Zusammensetzung des Quartiers in der Quartierschule richten kann. Das muß nicht die eigene Herkunftssprache sein, aber es gibt ethnische Quartiere, wo eine halbe Stunde Mandarin oder Han-Chinesisch unterrichtet wird. Dafür werden auch finanzielle Mittel bereitgestellt. In Australien ist das ähnlich.

Der wesentlichste Unterschied zwischen diesen beiden Beispielen und Österreich ist, daß Kanada wie auch die USA und Australien in viel stärkerem Maße eine Einwanderungsgesellschaft ist. Daher ist die Vorstellung, wir waren alle einmal Zuwanderer, in viel höherem Maße im Bewußtsein der Leute verankert als in Wien, obwohl auch hier die wenigsten Wiener Vorfahren aufweisen können, die mehr als drei Generationen zurückgehen.

Das Schweizer Modell

Die Schweiz ist ein perfektes Beispiel einer multikulturellen Gesellschaft. Aber die Schweiz zeigt doch genau, um welchen Preis, aufgrund welcher Bedingungen eine multikulturelle Gesellschaft erreicht werden kann. Im Falle der Schweiz geht es dabei nicht um die bunte Gesellschaft, sondern um die regional segregierte multikulturelle Gesellschaft. Das heißt, die verschiedenen Kulturen in der Schweiz leben nicht miteinander, sondern sie leben nebeneinander und nur weil sie nebeneinander leben, leben sie so gut im Rahmen einer Nation. Was heißt das jetzt auf der ganz konkreten Ebene einer Integrations- oder Assimilationspolitik? Wer von Zürich nach Genf geht, gibt seine allemannische Identität auf und wird ein sogenannter Welscher. (Man spricht von der welschen Schweiz, das ist aber nicht diskriminierend, sondern der offizielle Ausdruck.) Und wer von Genf nach Zürich geht, wird Deutsch-Schweizer, auch wenn er romanischer Herkunft ist und nicht allemannischer und wer aus dem Tessin nach Zürich kommt oder nach Genf geht, der wird deutschsprachiger Schweizer bzw. französischsprachiger Schweizer. Es gibt keine Schulen für die nach Zürich zugewanderten Kinder der französisch Sprechenden. Sie dürfen maximal noch zwei Jahre auf eine französische Privatschule gehen und dann haben die Kinder in ein öffentliches Schulsystem eingeschult zu werden. Und es gibt keinen besonderen Stützunterricht in der Schweiz; das friedliche Nebeneinander beruht auf der strengen Einhaltung der territorialen Grenzen. Das Territorialprinzip ist gesetzlich festgeschrieben. Auch wenn sich etwa eine deutsch-schweizerische Firma in einer Gemeinde niederläßt, die am Rand etwa des französischen Sprachbereichs liegt, und dadurch plötzlich 55 Prozent der Bevölkerung Deutsch-Schweizer sind, ändert das nichts an diesem Prinzip. Die Schulen bleiben französischsprachig und die Kinder haben in die französischsprachige Schule zu gehen, wo sie natürlich auf den höheren Stufen des Schulsystems Deutsch und Englisch und Italienisch und andere Fremdsprachen, darunter dann auch die Muttersprache, weiter lernen können.

Schichtspezifische Unterschiede

Dies gilt auch in anderen Ländern für Multikulturalität auf dem Stadtgebiet. In Amsterdam, London oder Paris sehen wir eine deutliche regionale Segregation; auf Stadtgebietsebene nennt man das Ghettoisierung. Im Grunde geht es bei den unterschiedlichen Standpunkten zur Multikulturaltiät um verschiedene soziale Schichten. Die Befürworter dieses Modells sprechen von Leuten, die wir soziologisch der oberen Mittelschicht oder vielleicht der Oberschicht zuordnen, die Skeptiker sprechen von den Einwanderern, bei denen die Gefahr besteht, daß sie unsere Gesellschaften unterschichten. Und denen ist nicht damit gedient, sie multikulturell zu unterstützen, sondern denen ist damit gedient, sie möglichst bald in die Lage zu setzen, diese sozialen und ökonomischen Chancen auch tatsächlich nutzen zu können. So löst sich die Kontroverse, die da zu bestehen scheint, auf.

Wenn die Schweiz es ihrer eigenen Population zumutet, daß der Allemanne ein Welscher wird und der Welsche ein Allemanne, dann ist es nicht nur eine Zumutung, sondern es ist eine Förderung für die Einwanderer, wenn sie letztlich dazu gebracht werden, im allemannischen Teil der Schweiz Schwyzerdütsch sprechen zu lernen und wenn sie in den welschen Teil der Schweiz einwandern, primär Welsch-Schweizer zu werden. Das schließt nicht aus, daß man Mehrfachloyalitäten haben kann.

Das muß man intrapsychisch mit sich austragen. Aber man muß im Alltag in der Lage sein, funktional die Rolle des Deutsch-Schweizers oder die Rolle des Welsch-Schweizers oder die Rolle des italienischen oder des rätoromanischen Schweizers wahrzunehmen. Eine psychische Identität ist ein anderes Problem als die soziale und aus dieser Differenz ergeben sich natürlich auch interfamiliäre Konflikte.

Gastarbeiter in der Schweiz und der BRD

Dazu ein kleines Beispiel aus der empirischen Forschung: Es gibt eine ganze Reihe von Untersuchungen zum Fremdarbeiterproblem in der Schweiz. Unter anderem wurde Anfang der achtziger Jahre eine vergleichende Untersuchung zur Situation von Italienern in der Schweiz und in der Bundesrepublik Deutschland angefertigt. Dabei zeigte sich, daß auf allen definierten Integrations- und Assimilationsdimensionen die Italiener in der Schweiz in höherem Maße integriert und assimiliert waren. Gleichzeitig wurde festgestellt, daß die Italiener in der Schweiz subjektiv viel zufriedener mit ihrer Lage und ihrer Aufwärtsmoblilität waren als die Italiener in der Bundesrepublik. Dieses Ergebnis kam eher überraschend, man hatte gedacht, daß das eher umgekehrt sein müsse, da die Bundesrepublik im Unterschied zur Schweiz als EG- Mitglied ja die Möglichkeit der freien Zuwanderung bot. Nähere Betrachtung zeigte, daß genau die Tatsache, daß ein Italiener in der Schweiz wußte, daß wenn er nach Italien zurückgeht, für ihn keine Chance besteht, zurückzukommen, viele Italiener dazu bewogen hat, in der Schweiz zu bleiben, während aus Deutschland viele Italiener zurückgegangen sind, weil sie wußten, daß sie sich im Rahmen der EG frei bewegen können. Das hat dazu geführt, daß die Italiener in der Schweiz bessere berufliche Aufstiegsmöglichkeiten hatten, daß ihre Kinder länger systematisch in ein und dieselbe Schule gingen und daher des Deutschen und des Schweizer-Deutschen sehr viel schneller mächtig waren. Man findet auch bei den Italienern in der Schweiz eine sehr viel geringere Betonung der Italianitá, der italienischen Identität als bei den Italienern in der Bundesrepublik. Aus früheren Untersuchungen zum Fremdarbeiterproblem in der Schweiz geht klar hervor, daß die Einwanderer, die gesagt haben, daß sie ihre Mobiliätsaspirationen in der Schweiz auch faktisch umgesetzt haben, diejenigen waren, die am wenigsten Wert darauf legten, ihre Italianitá zu erhalten, und daß diejenigen, die in der untersten Unterschicht geblieben waren, plötzlich eine Italianitá aufbauten, die sie in Italien nie gehabt haben. Bei einer Befragung italiensicher Eltern, welche Pläne sie für ihre Kinder hätten, gaben andererseits 50 Prozent der zu den Hilfsarbeitern zu rechnenden an, für ihre Kinder eine Universitätsausbildung anzustreben. Bei vergleichbaren Schweizer Arbeitern sind das 6 Prozent. Wenn man den Kindern nun den Gefallen getan hätte, sie auf die Italianitá hinzuführen, in besonderer Weise die italienische Sprache zu pflegen und darüber die Kenntnisse des Deutschen und des Schweizer-Deutschen vernachlässigt worden wären, wären noch nicht einmal 3, oder 2 oder 1 Prozent dieser Kinder an die Universitäten gekommen, was heute immerhin der Fall ist.

Betonung der eigenen Kultur im Immigrationsland

Auch mit vielen Türken wurden im Rahmen dieser Forschungen Interviews geführt, die auf die Frage, ob ihre Kinder in der Türkei je in eine Koranschule gegangen sind, sehr unverständig reagiert haben. Das wäre ihnen nie in den Sinn gekommen, ihre Kinder in der Türkei in die Koranschule zu schicken. Nach einiger Zeit in der Schweiz wird plötzlich das Postulat erhoben: wir wollen eine Koranschule für unsere Kinder haben. Anstatt, daß die Kinder die Zusatzkurse belegen, die ihnen die Integration und die Assimilierung erleichtern würden, gehen sie nachmittags dort hin und lernen in einer Sprache, die sie nie verwenden werden diese Dinge und damit ist ihr sozialer Status in der nächsten Generation festgeschrieben. Damit soll nicht gesagt werden, daß man es Eltern verwehren sollte, ihre Kinder auf Koranschulen zu schicken, aber ob der Staat diese auch noch fördern muß, das ist etwas anderes. Und die traditionellen Einwanderungsländer haben dergleichen der privaten Initiative, den Subjekten überlassen, und diese können das dann tun, wenn sie es wünschen. Ich denke aber, es gehört auch zu unseren Pflichten, die Leute darüber zu informieren, welche Konsequenzen solche Entscheidungen haben. Denn vielfach sind diese Prozesse den Leuten aus naheliegenden Gründen nicht bewußt, so daß der Begriff der freien Entscheidung ein sehr problematischer ist. Die Italiener, die sich für die Italianitá entschieden haben, haben sich dafür entschieden, weil sie keine andere Perspektive mehr hatten, und irgend etwas haben mußten, an dem sie sich festhalten konnten, nachdem ihre sozialen Träume zusammengebrochen waren.

Schaffung von Artikulationsmöglichkeiten

Die Frage besteht eigentlich darin, was die Zuwanderer selbst wollen. Und wenn ein Zuwanderer sich assimilieren will, dann soll er es in jeder Beziehung können, d.h. wenn ein Ungar ein Wiener werden will, dann soll er ein Wiener werden können. Man muß sich aber auch überlegen, daß man den Menschen Möglichkeiten zur Artikulationsfähigkeit geben muß, daß man nicht von vornherein ein Ambiente schafft, wo Bedingungen geschaffen werden, die nur eine bestimmte Richtung zulassen. Das meinen wir doch auch mit der offenen Stadt. Nur so können die Zuwanderer wirklich zu Subjekten werden, wenn sie selbst sagen können, was sie hier für Ziele haben und wie sie diese verwirklichen wollen.

Der Mensch als Schöpfer von Kultur

Wir sollten Multikulturalität nicht als eine Art Naturschutzgedanken verstehen, unter den wir die ausländischen Zuwanderer stellen. Der ausländische Zuwanderer ist doch nicht mehr der, der vor 30 Jahren hierher gekommen ist. Er ist ein ganz anderer geworden, er hat sich mehr verändert als der Einheimische in dieser Zeit. Er mußte mit den Herausforderungen, die eine disziplinierte, leistungsfähige Arbeits- und Industriegesellschaft an ihn stellt, fertig werden. Und er spürt das viel deutlicher als z.B. in Berlin, wenn er etwa in die Türkei zurückgeht, wo er dann als Allmanschilar, als jemand, der bereits fremd geworden ist, bezeichnet wird. Ein Mensch ist natürlich mehr als seine Kultur und seine Bodenzugehörigkeit, die er kollektiv spürt und die ihn beeinflußt, beeinträchtigt und auch stützt; er ist nicht nur Opfer dieser Kultur, er ist natürlich auch Schöpfer von Kultur. Das ist sehr wichtig und von daher ist multikulturell nie als starr und unveränderlich zu verstehen, sondern es ist natürlich ein sehr dynmischer Begriff. Dazu ein Beispiel: In einer Berliner Schulklasse steht ein moslimischer Schüler auf und sagt: "Ich finde das Rushdie umgebracht werden muß, denn er hat den Koran geschmäht, das ist in unserer moslimischen Kultur ein todeswürdiges Verbrechen." Hier müssen wir herausarbeiten, daß es nicht auf kulturelle Rechte ankommt, also auf den Menschen als Opfer kultureller Gruppenzugehörigkeit, sondern daß es auf Menschenrechte ankommt und jeder Mensch hat gegenüber jedem Staat, jeder Gesellschaft, jeder ihn einbindenden Kultur auch Menschenrechte. Wir dürfen als Europäer nicht so tun, als wollten wir diese für uns für Westeuropa reservieren, sondern darauf hat jeder Mensch Anspruch und damit kann er natürlich auch aus seiner Kultur heraustreten. Versucht man, diese Blickrichtung zu nehmen, dann muß darauf geachtet werden, daß die individuellen Rechte jedes Menschen, unabhängig von seiner Abstammung, Sprache und Kultur, hier zu stärken und das führt in eine ausländerpolitische Debatte, die wir in Europa noch führen müssen.

Migrationspolitik heißt, auf vielen Ebenen mit dem Fremden leben zu lernen. Zwangsassimilation ist für viele, nicht unbedingt für alle, aber für viele eine schreckliche und eine sehr unproduktive Form, mit dem Fremden leben zu lernen.

Angst vor Statusverlust

Das Wahlergebnis in Berlin hat gezeigt, daß der direkte Umgang mit Ausländern nicht zu Fremdenfeindlichkeit führt. Da, wo Deutsche und Zuwanderer, die wie schon gesagt gar nicht mehr als Ausländer bezeichnet werden können, eng beieinander leben, waren die Anteile der Republikaner unterdurchschnittlich gering. Da, wo Facharbeiter, kleinere und mittlere Beamte leben, waren sie besonders hoch. In Zehlendorf, einem Villenbezirk, mit ganz geringem Ausländeranteil bei 3 Prozent, von denen die meisten amerikanische Soldaten sind, gab es einen Stimmbezirk mit einem Republikaner-Anteil von fast 13 Prozent. Dieser Bezirk war die Postsiedlung, in der lauter mittlere Beamte leben. Offensichtlich entwickelt das Kleinbürgertum Verlust- und Konkurrenzängste vor der Zuwanderung. Die sind natürlich ernstzunehmen und wir müssen gerade mit dieser Bevölkerung darüber mehr ins Gespräch kommen. Aber zu glauben, daß es da wo das tägliche Zusammenleben mit Ausländern geschieht, besonders kracht, ist gänzlich falsch. Hier geht es um einen Bevölkerungsanteil, der vielleicht ein besonders starkes Sicherheitsbedürfnis hat, bei dem sehr leicht Ängste geschürt werden. Die Struktur, die Neigung zu solchen Ängsten ist strukturell eigentlich genau so wie sie in der Hitlerzeit und wahrscheinlich auch davor war. Es besteht eine bemerkenswerte Übereinstimmung.

Eine Konstellation, die man auch beachten muß, ist der hohe Anteil der Republikaner in Verliererstadtteilen. In Stadtteilen, in denen sich in besonderem Ausmaß Arbeitslose und Sozialhilfeempfänger ballen und wo auch der Stadtteil selbst an Attraktivität, Wohnwert und sozialem Status verloren hat, gab es hohe Republikaner-Anteile. Das ging zum Teil auch einher mit höheren Ausländeranteilen. Wobei noch offen ist, ob das Wahlergebnis durch diese Ausländeranteile verusacht wurde, oder ob die Ausländer deshalb in diesem Stadtteil leben, weil der Mietwert generell niedriger ist. Auf jeden Fall reagiert da die deutsche Wählerschaft auf einen realen Abstiegspfad, den sie in Teilen allenfalls den Ausländern zuschreibt. Oft war auch die Wahlenthaltung gleichzeitig sehr hoch.

Andererseits gibt es andere Stadtteile mit höherem Ausländeranteil, die überhaupt nicht im Abstieg sind, mit einer sehr gemischten Bevölkerung, wo auch die städträumliche Situation keine Nachteile mit sich bringt: Dort sind die Republikaner-Anteile ganz niedrig gewesen.

Umverteilung zugunsten der ansässigen Bevölkerung

Ein anderer wesentlicher Aspekt der Zuwanderung ist die Umverteilung, die beispielsweise inländische Arbeitnehmer und Schüler betrifft. Früher, sind z.B. die Schulen nur von deutschen Putzfrauen sauber gemacht worden. Heute finden sich vermutlich in keiner deutschen Schule mehr, deutsche Besen in deutschen Händen, sondern die deutschen Besen sind fast nur noch in ausländischen Händen. Die Deutschen sitzen in den Büros, in den Schreibbüros und machen Sekretärstätigkeiten oder sitzen bei der Post und sind mittlere oder höhere Beamte. Das heißt, hier hat in den letzten Jahren ein unglaublicher sozialer Aufstieg, soziale Mobilität stattgefunden und zwar nur deshalb, weil wir durch Zuwanderung Arbeitskräfte zur Verfügung bekommen haben, die die anderen Arbeiten, die natürlich da sind, machen müssen. Es ist ein ganz wichtiges Faktum, das herauszuarbeiten ist, daß es vor allem die Bevölkerung ist, die schon da ist, die von Zuwanderung profitiert. Wenn das so ist, wird eines Tages auch die heute zuwandernde Bevölkerung von dieser Art Mobilität profitieren, das heißt, diese Mobilität muß für alle und nicht nur für die Einheimischen da sein.

Etwas ähnliches hat sich natürlich auch bei den Schülern ergeben. Der Anteil derjenigen, die auf das Gymnasium gehen, hat sich in den letzten Jahren in Berlin vervielfacht, inzwischen haben wir weit über 50 Prozent, die nach der Grundschule in die Gymnasien übergehen. Aber das ist die einheimische Bevölkerung. Bei den Ausländerkindern sind es in Wien 3 Prozent, in Berlin 9 Prozent. Nun weiß natürlich jeder, daß die ausländischen Kinder nicht dümmer sind als die einheimischen, aber es passiert in der Schule, daß bei einer Verteilung von Noten in der Klasse nicht nach absoluten Maßstäben gewertet wird, sondern nach Klassenmaßstäben. Und wer sprachlich schon immer in dieser Generation lebt, bekommt die bessere Note – auch wenn er nicht klüger ist. Und diejenigen, die die bessere Note haben, kommen leichter auf das Gymnasium. Da werden sie dann tatsächlich schlauer, weil höhere Anforderungen an sie gestellt werden. Auch hier also ein stetiger Aufstieg der einheimischen Bevölkerung durch Zuwanderung von außen, von dem in kurzer Zeit, so hoffe ich jedenfalls, auch die zuwandernden Kinder profitieren werden.

Verdrängung "alter Ausländer" durch Neuzuwanderer

Der Hoffnung, daß die ansässige Bevölkerung, sei sie nun von inländischer oder ausländischer Staatbürgerschaft, letztlich davon profitiert, das neue und nachgelegt werden, ist nicht unbedingt zu folgen. Es gibt sicher einen Teil der Bevölkerung, der unmittelbar davon profitiert, daß neue Zuwanderer nachkommen. Aber etwa auf dem Arbeitsmarkt zeigt sich jetzt schon sehr deutlich, daß sich im Vergleich zum vorigen Jahr eine deutliche Zunahme von Beschäftigten und eine nur geringe Abnahme der Arbeitslosigkeit gegenüberstehen. Insgesamt betrachtet haben wir eine beträchtliche Zunahme der Ausländerarbeitslosigkeit, nämlich eine in der Größenordnung von 34 Prozent und bei den neuen zusätzlichen Arbeitsplätzen eine beträchtliche Zunahme ausländischer Arbeitnehmer. Was ceteris paribus die Hypothese nahelegt, daß hier ein Austauschprozeß neuer Ausländer gegen alte stattfindet und daß die schon länger hier ansässigen tendenziell durch die Zuwanderung hinausgedrängt werden.

Steuerungsmöglichkeiten der Politik

Es wird immer wieder die Frage gestellt, wann gewissermaßen Quantität in Qualität umschlägt; einen wie hohen Ausländeranteil verträgt eine Gesellschaft 5 Prozent, 10 Prozent, 15 Prozent, 20 Prozent? Wo schlägt das um? Das hängt von der Zahl der Zuwanderer ab, von der Geschwindigkeit, mit der sie kommen, von der Konzentration, in der wir sie hier wiederfinden und hängt nicht zuletzt von der Sichtbarkeit ab, der ethnischen Fremdheit.

Hier hat natürlich die Politik gewisse Steuerungsmöglichkeiten. Sie kann versuchen, auf die Zahl Einfluß zu nehmen, sie kann versuchen auf das Tempo Einfluß zu nehmen, auf die Konzentration, auf die Sichtbarkeit. Traditionelle Einwanderungsländer haben dies immer getan. Die Vereinigten Staaten haben sogar rassische Quoten gehabt: Chinesen und Japaner durften während einer gewissen Zeit überhaupt nicht einwandern, oder nur in bestimmten kleinen Zahlen. Auch Kanada und Australien betreiben heute eine sehr selektive Einwanderungspolitik. Es gibt ein Punktesystem; nur wenn eine bestimmte Punktschwelle erreicht wurde, darf man einwandern. Hier liegen Steuerungspotentiale, die in der Praxis allerdings nicht leicht zu handhaben sind.

Doch nur wenn eine solche Steuerung möglich ist, dann können wir langfristig jedenfalls denjenigen, die kommen, das geben, weshalb sie gekommen sind. Und darum muß es ja wohl gehen und nicht darum, Menschen nur zu verlagern. Wenn sie sich verlagern, dann doch um ihre Ziele zu erreichen.

Neue Völkerwanderung?

Die Frage ist, ob man sich das Tempo und die Menge der Zuwanderung aussuchen kann. Man kann sich leicht vorstellen, daß es in der Ukraine zu nationalen Spannungen kommt; die Westgrenze der Ukraine ist 600 km von Wien entfernt. Man muß sich dort nur ins Auto setzen und man ist in 10 Stunden hier.

Wenn solche Entwicklungen eintreten, dann haben wir keine Instrumente mehr in der Hand. Dann können wir, wenn wir wollen, in apokalyptischen Dimensionen einer neuen Völkerwanderung denken.

Probleme des Social-Engeneering

Diese Idee des Social-Engeneering, daß man sich jetzt die beste aller Welten aussuchen kann, ist natürlich sehr problematisch, zumal wenn sie unterfüttert wird mit einem Egoismus oder Ethnozentrismus der ansässigen Gesellschaft. Gerade bei dem Problem einer auf den Armutsdifferenzen und auf steigenden Erwartungen in der Dritten Welt beruhenden, nicht steuerbaren Zuwanderungswelle, der sich die großen Metropolen kaum werden entziehen können, ist der Anspruch der Assimilation besonders unrealistisch.

Diese Personen sind zwar vielleicht gemessen am Standard der Länder, die sie verlassen, Aufstiegsorientierte. Gemessen an unseren Standards handelt es sich dabei immer noch um Menschen, die der Unterklasse zuzurechnen sind, oder die aus ihr kaum herauskommen. Wir können also weder unter den Bedingungen der Wahlfreiheit diskutieren, noch können wir ein Zusammenleben ideal formulieren, das genau auf die größte Gruppe, die zu erwarten ist, gar nicht paßt.

Aufstiegsorientierung der Migranten

Was hier unternommen wurde, war der Versuch, Erkenntnisse aus der Grundlagenforschung in Social-Engeneering umzusetzen. Die Aufstiegsorientierung der Migranten können wir unterstellen, das ist ganz klar, sonst wären sie ja gar nicht hier. Sie sind hier, um den Aufstieg, den sie sich wünschen, zu erreichen, weil er im Heimatland mangels kollektiver Entwicklungsbemühung oder wegen des Mißerfolgs kollektiver Entwicklungsbemühungen nicht möglich ist. Allerdings kommen viele Auswanderer aus Kontexten, die sie mit Merkmalen ausstatten, die es von vornherein sehr schwierig machen, hier eine Assimilation zu erreichen, die Voraussetzung für einen weiteren sozialen Aufstieg wäre. Wenn jetzt die geringen Steuerungsmöglichkeiten, die wir haben, diese Menschen doch noch assimilativ zu beeinflussen, nicht ergriffen werden, weil man diese Buntheit ganz schön findet, dann allerdings wird eine Kombination von ethnischer Minderheit und Unterkaste geschaffen. Es ist fraglich, ob wir von den Steuerungsinstrumenten, die wir haben, viele oder mehrere wirklich effektiv werden einsetzen können. Es wird eventuell eine multikulturelle Gesellschaft jenes Typs kommen, den sich niemand von uns wünschen kann: Keine bunte Gesellschaft mehr, sondern eine Gesellschaft, in der wir eine räumlich segregierte Kombination von Klassen und ethnischem Minderheitenproblem haben.

Der Immigrant als Subjekt

Es diskutiert sich leichter zugespitzt, um Apokalypse versus erfolgreiches Social-Engenieering. Wenn man sich die Frage auch von den Betroffenen her sehr konkret anschaut, zeigt sich, daß vieles differenziert betrachtet werden muß. Auch dort wo Wissenschaft Forschung betreibt, für die sich Politik und planende Politik interessiert, ist sie gut beraten, diese Schattierungen nicht außer acht zu lassen, um nicht die Handlungsspielräume, die konkret bestehen, zu übersehen.

Aus wissenschaftlicher Perspektive fällt es sehr schwer, zwei Dinge zu verstehen und nachzuvollziehen. Migranten sind doch in erster Linie Subjekte. Ein sozialwissenschaftlicher, grundlagenwissenschaftlicher Ansatz des Social-Engeneering genügt nicht. Die Sozialwissenschaft sollte sich dem Problem vom Subjektcharakter her nähern. Einer der stärksten Gründe, die für Integration ohne Zwangsassimilation sprechen, ist die Identität der Menschen. Also das, was wir zuerst technisch auch unter dem Zusammenhang Lernchancen aufgefaßt haben. Assimilation heißt stets, daß die Personen ihre Identität, mit der sie, ihre Eltern und Großeltern gekommen sind, als eine Identität des Vergessens und Verdrängens begreifen. Es ist für das Zusammenleben von Menschen einer Stadt, in einem dichten Raum wichtig, daß sie sich Identitätselemente bewahren, artikulieren und die daraus entstehenden Konflikte durchaus austragungsfähig machen. Die Existenz von lauten rechtsradikalen, ausländerfeindlichen Parteien ist nicht ein Mangel politischer Kultur, sondern die Fähigkeit politischer Kultur, etwas was latent da ist, verdrängt da ist, diskussionsfähig, behandlungs-, diskursfähig zu machen. Die Anerkennung der Identität einer anderen Person, etwa welche Sprache sie geläufig spricht, kann schon sehr bewußt bei einer Stadtverwaltung, die auf Multikulturalität ausgerichtet ist, Berücksichtigung finden. Dabei geht es auch um Details, wie die Formulargestaltung und die Frage, wieviele fremdsprachige Aufschriften es in welchem Zusammenhang gibt.

Quantitative Begrenzungen der Integration

Bei der Frage der Integration gibt es sehr wohl auch quantitative Begrenzungen, insbesondere in dem konkreten Politikbereich Wohnen. Wenn man unsere Standards in Bezug auf ökologischen Flächenverbrauch, Wohnbaukapazitäten und Preise einigermaßen wahren will, haben wir eine maximale Kapazität von 100.000 neuen Wohnungen. Damit kann in Wien ein Bevölkerungswachstum auf 1,6 Mio versorgt werden. Das heißt aber, daß die unterste Grenze der erwarteten Nettozuwanderung bereits die Obergrenze im Wohnbereich darstellt. Wir müssen jetzt hier ganz klar die Schichtkonflikte und die Interessenskonflikte benennen und eine Diskussion darüber führen, ob, wie und für wen wir die Zuwanderung steuern können und sollen.

Eingriffsmöglichkeiten

Im Bereich des Wohnbaus gibt es verschiedene Möglichkeiten für Eingriffe der Öffentlichen Hand. So stellt sich zum Beispiel die Frage der Sinnhaftigkeit eines Baugebotes, das eine

Bebauung dort erzwingen kann, wo es sinvoll ist, denn natürlich ist es für manche Grundbesitzer interessant, an bestimmten Orten eine Bebauung zu verschieben. Der negative Effekt dieser privaten Interessen ist, daß dann die Stadtentwicklung oder der Wohnbau an den Stadtrand oder an Orte hingelenkt wird, die nicht so gut erschlossen sind. Allerdings konnten solche Tendenzen auch bisher schon in Wien durch eine sehr aktive Bodenpolitik gemildert werden. So existiert ein Bodenbereitstellungsfonds im Besitz der Stadt Wien, der jedem geförderten Wohnbau (und das sind 90 Prozent des Wohnungsbaus) die Grundstücke vermittelt.

Auf der anderen Seite sollten die Überlegungen über die Abgabenstruktur wieder belebt werden. Bisher stellt sich diese Struktur so dar, daß bei einer Widmung etwa eines landwirtschaftlich genutzten Grundstücks als Bauland der volle Widmungsgewinn beim Besitzer, bzw. beim Erwerber bleibt. Im Falle einer Reduktion des Baulandes um mehr als die Hälfte der Fläche, also bei einer großen Entwertung des Baulandes, ist hingegen die Stadt einlösepflichtig. Somit besteht also eine sehr inkongruente Situation.

Verteilungskonflikte

Ist es eigentlich realistischerweise durchsetzbar, daß wir, wie in der Studie vorgeschlagen, den preisgünstigeren Wohnungsbestand, der in städtischer Hand ist, sogar gesteuert und selektiv, also absichtsvoll, in der Mehrzahl der anzusiedelnden ausländischen Bevölkerung zukommen lassen? Wenn sich der Teil der ansässigen Bevölkerung, der bisher von den noch relativ niedrigen Mieten des städtischen Wohnungsbestands profitiert hat, dann von der städtischen Politik in den freien Wohnmarkt verdrängt sieht, ist der soziale Sprengstoff natürlich eindeutig markiert – vor allem in Kombination mit sowieso zu erwartenden Mietpreissteigerungen, die den Bodenwertsteigerungen folgen. Umverteilung kann sich sehr schnell als Problemverstaatlichung und damit als staatliche Mithaftung für ökonomisch und wirtschaftlich hervorgebrachte Probleme erweisen, die politisch schwer durchhaltbar ist. Hier liegt das Hauptproblem von sozialer Ausgleichspolitik, die die wirklichen Rahmenbedingungen nicht verändern kann, und die deshalb darauf angewiesen ist, innerhalb dieser gegebenen Rahmenbedingungen umverteilend zu wirken.

Stadterweiterung im Nordosten

In den großen Reserveerealen der innerstädtischen Stadterneuerungs- und Stadterweiterungsgebiete, wie etwa am Nordbahnhofgelände, die immer als Hoffnungsgebiete für den Wohnbau, als Ausgleich zitiert werden, können weit weniger Neubauwohnungen gebaut werden, als immer in Rechnung gestellt wird. Etwa 10.000 Wohnungen sind auf all diesen Flächen realistisch in den nächsten 15 bis 20 Jahren zu errichten, das ist unter 20 Prozent des Neubauwohnungsvolumens in diesen dicht bebauten Gebieten. Daraus folgt eigentlich, und dies ist das Ergebnis der Liberalisierung des Wohnungsmarktes, die Anpassung der Wiener Verhältnisse an den EG-Markt. Im wesentlichen streben ja europäische Immobilienmakler und andere Investoren nach Wien. Ein erheblicher Anteil an Neubauwohnungen wird in den sogenannten Stadterweiterungsgebieten entstehen. Einen Aspekt möchte ich in diesem Zusammenhang noch erwähnen: Wien droht sich räumlich auseinander zu entwickeln. Am südlichen Stadtrand nimmt die Betriebsansiedlung immer mehr und mehr zu, während Wohnungen in die billigeren Gebiete, in denen der Bodenpreis noch niedrig ist, jenseits der Donau, gedrängt werden. Dadurch entsteht die Problematik: nördlich wohnen – südlich arbeiten. Die Wiener Stadtpolitik wäre gut beraten, dieses Problem jetzt in Angriff zu nehmen, denn letztendlich zahlt Wien mit seinen eigenen Steuermitteln über die Verkehrspolitik alle Zusatzkosten.

Verstärkter Druck auf Einkommensschwache

Die Phantasie, daß ein beträchtlicher Druck dahin ausgehen wird, daß hohe Wohnungsfertigstellungszahlen in Gebieten, wo das flächenmäßig noch möglich wäre, nämlich im Norden und Osten Wiens, also jenseits der Donau im wesentlichen, zu erreichen, scheint desshalb nicht sinnvoll zu sein, weil diese Wohnungen nicht für die sozial Schwachen gebaut werden, sondern für die mittleren und oberen Einkommensbezieher. Diese Wohnungen können aber nicht überall stehen. Und den mittleren und oberen Einkommensbeziehern wird es nicht ohne weiteres einzureden sein, daß sie künftig jenseits der Donau zu wohnen haben. Das wird zur Folge haben, daß sich der Druck auf die Einkommensschwachen verstärkt, ohne daß irgend etwas jenseits der Donau passieren muß. Das heißt, im Gegensatz zur Stadtrandwanderung, die wir in den vergangenen 20 Jahren gehabt haben, wo Gutverdienende sich im Süden Wiens oder auch sonst rund um die Stadt Einfamilienhäuser gebaut haben, entsteht jetzt aufgrund der beschriebenen Phänomene eine Verdrängung von Einkommensschwachen über die Stadtgrenze hinaus, wo sie aber nichts vorfinden, was sie auffängt.

Arbeitstagung

"Wien 2010
Stadtentwicklung bei Bevölkerungswachstum und offenen Grenzen"

Teilnehmerliste

D.I. Dr. Renate Banik-Schweitzer
Magistratsabteilung 8
D.I. Horst Berger
Stadtbaudirektion
D.I. Herbert Binder
Magistratsabteilung 18
D.I. Erich Bramhas
Architekt
Dr. Karoly Cserjan
Österreichisches Institut für Raumplanung (ÖIR)
Monika Czernin
ORF
D.I. Leopold Dungl
Architektur aktuell
Mag. Robert Eigler
Magistratsabteilung 18
Dr. Caspar Einem
Kammer für Arbeiter und Angestellte für Wien
Jobst Fiedler
Bezirksamt Hamburg-Harburg
Matthias Fiegl
Institut für empirische Sozialwissenschaft (IFES)
Dr. Peter Findl
Österreichisches Statistisches Zentralamt

Dr. Wolfgang Förster
Wiener Bodenbereitungs- und Stadterneuerungsfonds
Dr. Norbert Freytag
Kammer der gewerblichen Wirtschaft für Wien
D.I. August Fröhlich
Wiener Bodenbereitungs- und Stadterneuerungsfonds
D.I. Ernst Gehmacher
Institut für empirische Sozialwissenschaft (IFES)
D.I. Rolf Gehringer
Magistratsdirektion-Koordinationsbüro
Dr. Irene Geldner
Kammer für Arbeiter und Angestellte für Wien
Gertrud Göller
Magistratsdirektion-Koordinationsbüro
Wolfgang Gröpel
Stadtschulrat für Wien
Hans-Jörg Hansely
Magistratsabteilung 18
D.I. Hermann Hansy
Kammer der gewerblichen Wirtschaft für Wien
Hs.Prof. D.I. Ernst W. Heiss
Architekt
Prof. Klaus Henning
Fonds zur Beratung und Betreuung von Zuwanderern
D.I. Helmut Hiess
Büro Dr. Rosinak
Otto Hochreiter
Magistrat der Stadt Wien, Geschäftsgruppe Kultur
Christoph Hofinger
Institut für empirische Sozialforschung (IFES)
Univ.-Prof. Dr. Hans-Joachim Hoffmann-Nowotny
Soziologisches Institut der Universität Zürich
D.I. Peter Höger
Kammer der gewerblichen Wirtschaft für Wien
Mag. Helmuth Höpflinger
Bundesministerium für Arbeit und Soziales

Hans Hruda
Österreichisches Institut für Berufsbildungsforschung
D.I. Peter Hruza
Magistratabteilung 31
Prof. Ing. Werner Jäger
Gast bei der Magistratsabteilung 18
D.I. Dr. Peter Jawecki
Magistratsabteilung 18
Barbara John
Senat Berlin (West)
Rainer Juch
Kammer für Arbeiter und Angestellte für Wien
Mag. Janos Kárász
Sozialwissenschaftliches Atelier
Dr. Albert Kaufmann
Institut für Stadtforschung (IS)
Mag. Peter Klopf
Magistratsabteilung 18
Elisabeth Köpl
Magistratsabteilung 11
Helmut Korzendörfer
Institut für Stadtforschung (IS)
Dr. Eduard Kunze
Österreichische Raumordnungskonferenz (ÖROK)
D.I. Franz Lagler
Wiener Wirtschaftsförderungsfonds
Dr. Erich Leinweber
Magistratsabteilung 61
Dr. Fritz Leitner
Magistratsabteilung 12
Dr. Kurt Leitner
O.Univ.-Prof. Mag. Dr. Elisabeth Lichtenberger
Institut für Geographie an der Universität Wien
Dr. Wolfgang Lischka
Magistratsabteilung 13

Mag. Walter Matzneiter
Institut für Geographie an der Universität Wien
Univ.Doz. Dr. Rainer Münz
Institut für Demographie
der Österreichischen Akademie der Wissenschaften
Prof. Dr. Klaus Novy
Technische Universität Berlin
Dr. Hanspeter Offner
Landesarbeitsamt Wien
Dr. Herbert Pelzelmayer
Bundesministerium für Unterricht, Kunst und Sport
Wolfgang Plodek
Magistratsabteilung 50
Dr. Edith Pohl
Kammer für Arbeiter und Angestellte für Wien
Architekt Ing. Friedrich Pohl
Magistratsabteilung 21
Ing. Rudolf Polan
Magistratsabteilung 18
Dkfm. Dr. Erich Pramböck
Österreichischer Städtebund
Dr. Wolfgang Reiter
Falter
Ao.Univ.-Prof. Doz. Dr. Rudolf Richter
Institut für Soziologie an der Universität Wien
D.I. Kurt Ricica
Magistratsabteilung 22
Mag. Hellmut Ritter
Magistratsabteilung 66
Dr. Heinz Rögl
Institut für empirische Sozialwissenschaft (IFES)
Dr. D.I. Herlinde Rothauer
Kammer der gewerblichen Wirtschaft für Wien
D.I. Dietrich Rudelsdorfer
Wiener Verkehrsbetriebe

Karl Salaba
Landesarbeitsamt Wien
Dr. Kurt Scherzer
Magistratsabteilung 11
D.I. Rudolf Schicker
Österreichische Raumordnungskonferenz (ÖROK)
Dr. Wilhelm Schink
Magistratsabteilung 50
Mag. Peter Schneidewind
Österreichisches Institut für Raumplanung
Dr. Sabine Schober
Institut für Stadtforschung (IS)
Dr. Manfred Schopper
Magistratsabteilung 18
Franz Schuller
Magistrat der Stadt Wien, Geschäftsgruppe Kultur
D.I. Renate Semela
Gebietsbetreuung Kalvarienbergviertel
Alfred Spitalsky
Österreichisches Institut für Raumplanung
D.I. Gabriele Steinbach
Technische Universität Wien
Univ.Prof.Dr. Josef Steinbach
Universität Eichstädt / BRD
D.I. Klaus Steiner
Magistratsabteilung 21
D.I. Winfried Steiner
Institut für Stadtforschung (IS)
Dr. Kurt Stocker
Institut für Kulturstudien (IKUS)
D.I. Andrea Stütz
Büro Dr. Snizek
Dr. Hannes Swoboda
Amtsführender Stadtrat für Stadtentwicklung, Stadtplanung und Personal

Dr. Ernst Theimer
Wiener Bodenbereitstellungs- und Stadterneuerungsfonds

Dr. Hans Titz
Magistratsabteilung 13

Helfried Trimmel
Magistratsabteilung 18

Mag. Reinhard Troper
Institut für Stadtforschung (IS)

D.I. Klaus Vatter
Magistratsdirektion-Baudirektion

Univ.-Doz. Dr. Michael Wagner
Institut für Wirtschafts- und Sozialforschung (IWS)

Mag. Andreas Weigl
Magistratsdirektion-Koordinationsbüro

D.I. Albert Wimmer
Architekt

D.I. Peter Wünschmann
Magistratsabteilung 18

D.I. Gernot Zoubek
Verkehrsverbund Ostregion

WIEN 2010

Band 1

Erschienen im April 1990
Ab Herbst 1990 im Buchhandel erhältlich

IFES
Institut für empirische Sozialforschung

IWS
Institut für Wirtschafts- und Sozialforschung

KDZ
Kommunalwissenschaftliches Dokumentationszentrum

Im Auftrag der Magistratsabteilung 18 Stadtstrukturplanung

SZENARIEN FÜR EINE WACHSENDE STADT

MATERIELLE EXISTENZSICHERUNG

PRIVATER UND ÖFFENTLICHER RAUM

LERNCHANCEN IM URBANEN FELD

STADTBILDER

ENTWICKLUNGSTENDENZEN BEI WACHSENDER BEVÖLKERUNG UND OFFENEN GRENZEN